어른의 감정력

삶의 변화를 이끄는 감정 수업

티보 뫼리스

어른의 감정력
삶의 변화를 이끄는 감정 수업

오픈도어북스는 (주)하움출판사의 임프린트 브랜드입니다.

1판 1쇄 발행 24년 09월 01일
1판 3쇄 발행 24년 10월 25일

지은이 | 티보 뫼리스
역자 | 엄성수

발행인 | 문현광
책임 편집 | 이건민
교정 • 교열 | 신선미 주현강
디자인 | 양보람
마케팅 | 양하은 심리브가 박다솜
업무지원 | 김혜지

펴낸곳 | (주)하움출판사
본사 | 전북 군산시 수송로315, 3층 하움출판사
지사 | 광주광역시 북구 첨단연신로 261 (신용동) 광해빌딩 6층 601호, 602호
ISBN | 979-11-6440-885-6 (03190)
정가 | 16,800원

오픈도어북스는 참신한 아이디어와 지혜를 세상에 전달하려고 합니다.
아이디어와 원고가 있으신 분은 연락처와 함께 open150@naver.com로 보내 주세요.

✦ 삶의 변화를 이끄는 감정 수업 ✦

어른의 감정력

Master Your Emotions

티보 뫼리스 지음

차례

프롤로그 | 감정의 질이 삶의 질을 결정한다 10

감정의 본질을 이해하기

CHAPTER 1. 뇌는 생존하기 위해 감정을 왜곡한다 19

CHAPTER 2. 부정적 감정의 배경 살펴보기 27

CHAPTER 3. 감정의 힘을 다스리는 법 37

PART 2

감정의 흐름을 만드는 것들

CHAPTER 4. 수면과 감정의 상관관계 59

CHAPTER 5. 오늘의 감정을 만드는 자세 63

CHAPTER 6. 사고방식이 감정을 결정한다 68

CHAPTER 7. 긍정적인 언어 습관화하기 70

CHAPTER 8. 올바른 호흡법이 중요한 이유 74

CHAPTER 9. 주변의 모든 것을 정리하라 76

CHAPTER 10. 음악을 활용한 감정 변화 만들기 77

PART 3

인생을 바꾸는 감정 조절의 기술

CHAPTER 11. 감정의 형성 과정 돌아보기 85

CHAPTER 12. 삶의 태도는 해석 방식에 따라 달라진다 93

CHAPTER 13. 나를 괴롭히는 감정 내려놓기 100

CHAPTER 14. 생각과 감정이 미래를 바꾸는 이유 109

CHAPTER 15. 스스로 질문하고 행동하기 123

CHAPTER 16. 주변 환경 및 습관이 미치는 영향 127

CHAPTER 17. 부정적인 감정에서 빠져나와라 131

감정 중심이 단단한 사람으로 성장하는 법

CHAPTER 18. 감정의 목소리를 무시하지 않는다 142

CHAPTER 19. 꾸준한 감정 기록의 중요성 148

CHAPTER 20. 자신의 가치를 믿어라 153

CHAPTER 21. 인생에 독이 되는 방어적 태도 167

CHAPTER 22. 통제할 수 없는 상황은 받아들이기 172

CHAPTER 23. 타인의 생각은 나의 생각이 아니다 181

CHAPTER 24. 원망에 올바르게 대처하는 법 189

CHAPTER 25. 타인과 자신을 비교하지 말라 198

CHAPTER 26. 우울증의 실체를 깨닫기 205

CHAPTER 27. 안전지대에서 빠져나오기 213

CHAPTER 28. 자기 절제력을 키우는 방법 218

CHAPTER 29. 동기 결여 상태에서 벗어나기 232

에필로그 | 감정 너머 단단해진 자신을 마주하라 240

참고 문헌 | 242

단계별 워크북

감정의 본질 이해하기

CHAPTER 1. 뇌는 생존하기 위해 감정을 왜곡한다 246

CHAPTER 2. 행복 247

CHAPTER 3. 부정적 감정의 배경 살펴보기 248

CHAPTER 4. 감정의 힘을 다스리는 법 252

감정의 흐름을 만드는 것들

255

PART 3

인생을 바꾸는 감정 조절의 기술

CHAPTER 5. 감정의 형성 과정 돌아보기 259

CHAPTER 6. 삶의 태도는 해석 방식에 따라 달라진다 261

CHAPTER 7. 나를 괴롭히는 감정 내려놓기 262

CHAPTER 8. 생각과 감정이 미래를 바꾸는 이유 264
CHAPTER 9. 스스로 질문하고 행동하기 266
CHAPTER 10. 주변 환경 및 습관이 미치는 영향 267
CHAPTER 11. 부정적인 감정에서 빠져나와라 268

PART 4

감정 중심이 단단한 사람으로 성장하는 법

CHAPTER 12. 꾸준한 감정 기록의 중요성 269
CHAPTER 13. 자신의 가치를 믿어라 273
CHAPTER 14. 인생에 독이 되는 방어적 태도 277
CHAPTER 15. 통제할 수 없는 상황은 받아들이기 278
CHAPTER 16. 타인의 생각은 나의 생각이 아니다 283
CHAPTER 17. 원망에 올바르게 대처하는 법 286
CHAPTER 18. 타인과 자신을 비교하지 말라 288
CHAPTER 19. 우울증의 실체를 깨닫기 290
CHAPTER 20. 안전지대에서 빠져나오기 291
CHAPTER 21. 자기 절제력을 키우는 방법 292
CHAPTER 22. 동기 결여 상태에서 벗어나기 302

✦

프롤로그

감정의 질이 삶의 질을 결정한다

"마음은 그 자체로 독립적인 공간,

그 스스로 지옥을 천국으로 만들고

또 천국을 지옥으로 만드나니."

존 밀턴, 《실낙원》

우리는 누구나 삶 속에서 다양한 감정을 경험한다. 나 역시 이 책을 쓰면서 여러 차례 감정의 기복이 있었다. 처음에는 이루 말할 수 없을 정도의 흥분에 취해 독자들에게 도움이 될 책을 쓰게 되었다는 생각에 짜릿함마저 느꼈다. 이 책을 통해 독자들이 감정을 조절하는 법을 배우면서 삶을 어떻게 바꾸어 나갈지 상상해 보았다. 그 상상을 하니 집필에 대한 동기가 커지면서 앞으로 이 책이 얼마나 대단해질지를 생각해 보지 않을 수 없었다.

처음에는 그렇게 생각했었다.

기대에 부풀었던 처음의 순간이 지나고, 자리에 앉아 책을 본격적으로 집필할 때가 되자마자 내면의 흥분감이 모두 사그라들었다. 별안간 근사해 보였던 아이디어가 뻔하게 느껴지기 시작했고, 집필 작업마저 따분해졌다. 그렇게 나는 실질적으로 누군가에게 기여할 수 있는 가치가 아무것도 없겠다는 생각까지 들었다.

그러면서 책상에 앉아 글 쓰는 일이 날이 갈수록 힘들어졌고, 자신감도 사라지기 시작했다. 스스로의 감정조차 다스리지 못하는 주제에 어떻게 감정에 대한 책을 쓴단 말인가. 아이러니한 일이 따로 없다. 물론 포기하고 싶은 적도 있었다. 비슷한 주제의 책이 이미 차고 넘치는데, 거기에 한 권 더 보태어 봤자 소용없는 일이리라는 생각 때문이었다.

그러한 시간 속에서 문득 이 책을 쓰는 과정이 나의 감정적 문제를 고찰할 더없이 좋은 기회라는 생각이 들었다. 세상에 부정적인 감정으로 고통받지 않는 사람은 없을 것이다. 우리 모두 감정의 기복을 겪은 적이 한 번쯤은 있지 않았던가. 여기에서 중요한 것은 부정적인 감정을 어떻게 다스리느냐이다. 이제 우리는 부정적인 감정을 활용하여 성장과 새로운 배움으로 나아갈 것인가, 아니면 그러한 감정 속에서 자책만 하며 살지를 선택해야 한다.

그렇다면 지금부터 당신의 감정에 대해 얘기해 보자. 먼저 다음과 같은 질문으로 시작하도록 하겠다.

"지금 당신의 기분은 어떤가?"

당신의 기분을 아는 것이 곧 감정 조절의 시작이라 할 수 있다. 그동안 스스로의 감정을 내재화하는 시간이 길어지면서 감정과의 연결이 단절되었을 수도 있다. 그렇기에 당신은 다음과 같이 답할 수도 있겠다.

"이 책이 도움이 될 수 있을 것 같네요."
"이 책에서 뭔가를 배울 수 있을 것 같아요."

그러나 위의 대답은 지금 당신의 기분을 제대로 보여 주지 못한다. 당신은 '이렇게 느끼는' 것도 아니고 '저렇게 느끼는' 것도 아니고 그저 '느끼는' 것일 뿐이다. 즉 당신은 이 책이 도움이 될 수 있을 것 같다고 느끼는 것이 아니라, '생각하는' 것이다. 따라서 그렇다고 느끼는 감정이 생겨나는 것이다.

기분은 마음속의 생각이 아니다. 체내에서 신체적 감각으로 나타나는 것이다. '느끼다'라는 단어가 빈번하게 오남용되는 현실은 어쩌면 우리 모두 감정에 대해 말하기를 꺼리기 때문일지도 모른다. 그러니 한 번 더 묻겠다.

"지금 당신의 기분은 어떤가?"

감정의 중요성

당신이 느끼는 감정의 양상이 곧 삶의 질을 결정한다. 말하자면 감정이 삶을 비참하게, 아니면 더없이 매력적으로 이끌 수도 있다. 따라서 감정이야말로 우리가 집중해야 할 가장 근본적인 것이다.

감정은 당신의 모든 경험을 각자의 색으로 물들인다. 기분이 좋을 때는 감각기관을 통해 느끼는 것들이 평소보다 더 좋아 보일 수도 있다. 아이디어도 잘 떠오르며, 활기가 넘칠 것이다. 그러면서 자신의 가능성이 무한하리라는 생각도 들 것이다.

반면 우울할 때는 모든 게 무미건조해 보인다. 그리고 쉽게 지치면서 뭐라도 해야겠다는 생각조차 들지 않는다. 또한 몸도 마음도 원치 않는 공간에 갇힌 듯하며, 미래도 암울해 보일 것이다.

한편 감정은 당신의 든든한 가이드가 되어 주기도 한다. 삶에서 잘못되어 가는 점을 지적하거나, 당신에게 여러 변화를 일으키도록 도와줄 수도 있다. 이처럼 감정은 당신의 가장 강력한 성장 수단에 속할 수 있다.

그러나 안타깝게도 당신의 선생님이나 부모님은 감정의 작동 원리는 물론 감정을 조절하는 방법도 가르쳐주지 않았다. 어떠한 물건이라도 설명서가 함께하는 법인데, 마음에만 설명서가 없다는 것은 참으로 아이러니하다. 우리는 마음의 작용은 물론, 감정을 다스릴 수 있는 마음 활용법을 다룬 설명서를 받은 적이 단 한 번도 없을 것이다. 사실 애초부터 그 설명서가 존재했는지도 의심스럽다.

이 책에서 배울 것들

이 책은 당신이 태어났을 때나 학교에 다닐 때 부모님에게 받았어야 할 마음과 감정의 설명서이다. 이 설명서를 통해 나는 감정에 대해 알아야 할 모든 것들을 당신과 공유하고자 한다. 이 책은 당신의 온갖 두려움과 한계를 극복하고, 당신이 선망하던 사람이 될 수 있도록 이끌 것이다. 구체적으로 말하자면 이 책은 다음과 같은 측면에서 당신에게 도움이 될 것이다.

- 감정의 개념과 그것이 당신의 삶에 미치는 영향을 이해한다.
- 감정의 형성 원리와 자기계발을 위한 감정 활용법을 이해한다.
- 삶을 지배하는 부정적인 감정과 이를 극복하는 법을 이해한다.
- 보다 바람직한 미래를 위해 관점을 바꿈으로써 감정 조절을 강화한다.
- 긍정적인 감정을 위해 마음을 재설계한다.
- 부정적인 감정을 원만하게 다루며, 긍정적인 감정을 위해 마음을 순조롭게 다스린다.
- 감정 정리 및 조절 수단을 습득한다.

또한 당신이 이 책에서 배우게 될 내용을 다음과 같이 간략하게 소개하고자 한다.

1부에서는 감정이 무엇인가를 살핀다. 우선 우리의 뇌가 부정적인 것에 집중하도록 만들어진 이유와 함께 그러한 상황에 대처하는 방법을 학습한다. 또한 믿음이 감정에 미치는 영향과 부정적인 감정의 작동 원리를 살펴본다. 그리고 부정적인 감정을 다루기 어려운 이유를 이해한다.

2부에서는 감정에 직접적인 영향을 주는 요인을 다룬다. 여기에서는 우리의 삶에서 신체, 사고, 언어, 그리고 수면 등 다양한 요인이 수행하는 역할을 설명한다. 또한 감정을 바꾸기 위한 해당 요인의 활용법을 이해한다.

3부에서는 감정의 형성 원리 및 긍정적인 감정을 느끼기 위해 감정을 조절하는 기술을 소개한다.

4부에서는 자기계발을 위한 감정 활용법에는 어떠한 것이 있는가를 제시한다. 그리고 우리가 두려움이나 우울증을 경험하는 이유와 원리도 함께 설명한다.

이제부터 본격적으로 시작해 보자.

PART 1

감정의 본질을 이해하기

당신은 감정이 무엇인지, 어떠한 목적으로 활용되는지 궁금한 적이 있었는가? 1부에서는 생존의 메커니즘이 당신의 감정에 미치는 영향을 살펴보고자 한다. 그다음 '자아(ego)'의 개념과 그것이 당신의 감정에 미치는 영향을 설명한다. 마지막으로 감정 이면의 메커니즘과 함께 부정적인 감정을 다스리기 어려운 이유를 다룰 예정이다.

Chapter 1

뇌는 생존하기 위해 감정을 왜곡한다

부정적인 것에 편견을 갖는 이유

우리의 뇌는 원래부터 생존에 적합하게 설계되어 있다. 지금 당신이 이 책을 읽을 수 있는 것도 바로 그 때문이다. 당신이 태어날 확률은 극히 낮은 편이다. 당신이 태어나는 기적이 일어나려면 당신 이전의 모든 세대가 오랫동안 생존하여 후손을 낳아야 한다, 이와 같이 생존과 출산을 추구하면서 수백 번에서 수천 번을 죽음과 맞닥뜨려야 한다.

다행히 당신은 선조들과는 다르게 매일 죽음과 맞닥뜨리지는 않을 것이다. 현대에 들어서면서 세계 어느 곳이든 인간의 삶은 그 어느 때보다 안전해졌다. 그러나 생존 메커니즘은 크게 변하지 않았다. 당신의 뇌는 여전히 주변 환경을 살피며 잠재적인 위험 요소를 찾고 있다.

현대 사회에 들어 뇌의 일부는 여러 측면에서 기능이 상실되었다. 그렇기에 당장 천적에게 잡아먹힐 상황에 놓이지는 않을 것이다. 그럼에도 당신의 뇌는 여전히 긍정적인 일보다는 부정적인 일을 훨씬 더 중요시한다.

거절에 대한 두려움은 부정적인 일에 관한 편견을 보여 주는 사례에 속한다. 과거에는 같은 부족의 구성원에게 거절당할 때, 생존 가능성이 눈에 띄게 줄어들었다. 이에 우리는 거절의 조짐을 찾는 법을 배워야 했고, 이는 우리의 뇌에 깊이 각인되었다.

그러나 오늘날에는 상대방이 거절한다고 해도 장기적인 생존에 큰 영향을 미치지 않는다. 설사 온 인류에게서 미움을 받는다 해도 직업을 가질 수 있고, 안전한 지붕 아래에서 푸짐한 음식을 즐길 수 있으니까 말이다. 그러나 당신의 뇌는 여전히 거절을 생존에 대한 위협으로 받아들이도록 설계되어 있다.

거절을 당하는 일은 상당히 괴로운 일이기도 하다. 대다수의 경우 별일이 아님을 알면서도 괴로움을 느끼기도 한다. 거절을 통보받은 뒤 자신의 마음을 들여다본다면, 그것만으로 드라마 한 편을 뚝딱 쓸 수도 있을 것이다. 사랑받을 자격도 없다는 믿음 속에 몇 날 몇 주 동안 그 기억을 계속해서 곱씹게 될 것이다. 최악의 경우, 그 결과로 우울증에 빠질 수도 있다.

때로는 단 한 번의 비판이 수백 번의 긍정적인 평가보다 뼈아플 수 있다. 별점으로 5점 리뷰를 50개나 받은 저자라도 1점 리뷰 단 하나에 마음이 무너지기도 한다. 물론 1점짜리 리뷰가 자신의 생존에 위협이 되지 못하리라는 사실을 뻔히 알고 있음에도 저자로서의 뇌가 그것을 용납하지 못하는 것이다. 이에 부정적인 리뷰를 자아에 대한 위협으로 해석함으로써 부정적인 감정 반응이 일어나는 것이다.

당신은 또 거절에 대한 두려움으로 일어난 일들을 지나치게 과장할 수도 있다. 예컨대 직장에서 상사에게 쓴소리를 들었을 때, 당신의 뇌는 그 비판을 위협으로 간주한다. 이에 따라 다음과 같은 생각이 들 것이다. '사장이 나를 해고하면 어떻게 하지? 다른 직장을 빨리 구하지 못해 아내가 날 떠난다면 어떡하지? 아이들은? 행여나 다시는 못 보게 된다면 그때는 어떻게 하지?'

다행히도 당신에겐 아주 유용한 생존 메커니즘이 있지만, 상상 속 위협을 실제와 구분하는 것은 당신의 몫이다. 이를 제대로 구분하지 못했을 때 당신은 불필요한 걱정과 고통을 겪게 될 것이며, 결국 삶의 질에 부정적인 영향을 미치게 될 것이다.

부정적인 것에 대한 편견을 극복하려면 당신의 마음을 재설계해야 한다. 인간의 가장 위대한 능력은 자신의 생각을 적절하게 활용함으로써 현실에 영향을 미치는 것이다. 이러한 능력은 보다 긍정적인 방식으로 자신에게 일어난 일들을 해석한다. 당신은 이 책을 통해 그러한 능력을 습득하는 방법에 대해 배우게 될 것이다.

이 책 말미의 단계별 워크북 Chapter 1 '뇌는 생존하기 위해 감정을 왜곡한다'에 제시된 문제를 직접 해결해 보라.

우리의 뇌에는 '행복' 버튼이 없다

당신의 뇌가 담당하는 주 역할은 당신의 생존을 확실하게 만드는 것이지, 당신을 행복하게 만드는 것은 아니다. 따라서 행복해지고 싶다면, 이를 기대하기보다 당신의 감정을 적극적으로 조절해야 한다. 그것이 당신의 자연스러운 상태를 나타내기 때문이다. 이와 관련하여 행복의 개념과 작동 방식은 다음 장에서 자세히 살펴보도록 하겠다.

행복을 교란하는 도파민

도파민은 신경전달물질로 여러 기능을 수행하지만, 특정 행동에 대해 보상을 제공하는 중요한 역할도 한다. 뇌의 '쾌락 중추(pleasure centers)'에서 도파민이 분비되면 약물에 취한 것과 비슷한 강렬한 행복감을 맛보게 된다. 이러한 행복감은 운동 중에도 나타나지만, 도박이나 성행위를 할 때나 맛있는 음식을 먹을 때에도 나타난다.

또한 굶어 죽지 않도록 먹이를 사냥하거나, 출산을 목적으로 배우자를 찾도록 하는 것도 도파민의 역할이다. 도파민이 없었다면 인류는 절멸했을 것이다. 이러한 이유로 도파민은 참 좋은 것이라 말할 수 있다. 그렇지 않은가?

하지만 그에 대한 답은 긍정일 수도, 부정일 수도 있다. 현대 사회에서 도파민 같은 보상 체계는 여러모로 무의미해졌다. 과거에는 도파민이 생존과 직접적인 관련이 있었지만, 지금은 인위적인 자극으로 분비되기 때문이다. 그러한 현상의 대표 사례를 소셜 미디어에서 찾을 수 있다. 소셜 미디어는 사람들의 심리를 이용하여 최대한 많은 시간을 소비하도록 유혹한다.

당신은 컴퓨터나 스마트폰에서 수시로 뜨는 푸시 알림을 본 적이 있을 것이다. 푸시 알림은 도파민 분비를 촉진하여 계속 같은 서비스를 이용하게 만든다. 그렇게 특정 서비스를 오래 이용할수록 해당 업체는 더 많은 돈을 벌게 된다. 포르노나 도박 역시 도파민 분비를 촉진하며, 결과적으로 그러한 활동을 아주 중독성 있게 만들기도 한다.

다행히 우리의 뇌에서 도파민이 분비된다고 해서 무조건 반응할 필요는 없다. 예컨대 페이스북 뉴스피드가 도파민 분비를 촉진하여 쾌감을 안겨주어도 이를 계속 확인할 필요는 없다는 것이다.

오늘날의 사회는 우리를 불행하게 만들 수 있는 가짜 행복을 팔고 있다. 우리는 뇌를 효과적으로 착취하는 방법들을 찾아낸 마케팅 전문가들에 의해 도파민에 서서히 중독되었다. 이에 하루에도 여러 차례 도파민 분비를 경험하고 있으며, 이를 갈구하기까지 한다. 하지만 그것이 과연 행복과 같을 수 있을까?

게다가 도파민은 실제로 중독 증세를 일으켜 우리 건강에 심각한 타격을 줄 수 있다. 미국 툴레인대학교에서의 실험 결과에 따르면 자체적인 쾌락 중추 자극이 허용되었을 때, 참가자들은 분당 평균 40회 정도 쾌락 중추를 자극하였다. 그들은 심지어 배고픈 상태임에도 음식 섭취를 거부하였으며, 결국 음식보다는 도파민을 선택했다.

한국인 이승섭 씨의 사례는 도파민 중독의 희생자 가운데 극단적인 사례에 속한다. 2005년, 그는 음식이나 물을 거의 먹지 않고 잠도 자지 않은 채 58시간 동안 비디오 게임을 하다 사망했다. 이후의 조사 결과, 사망 원인은 탈진 및 탈수에 의한 심장마비로 판명되었다. 당시 그의 나이는 불과 스물여덟이었다.

당신의 감정을 제대로 조절하기 위해서는 도파민의 역할 및 도파민이 행복에 미치는 영향을 이해해야 한다. 혹시 스마트폰이나 게임, 또는 비디오 게임에 눈을 떼지 못한 채 너무나 많은 시간을 허비하지는 않는가?

우리는 대부분 무언가에 중독되어 있다. 누군가는 분명히 중독된 듯하지만, 또 어떤 사람들은 불분명해 보인다. 그 예로는 생각 중독이 있다. 감정 조절을 원활하게 하기 위해서는 중독 여부를 파악하여 적절하게 대처해야 한다. 그렇지 못한다면 행복을 잃을 수도 있다.

꿈은 언젠가 이루어질 것이라는 헛된 믿음

당신은 언젠가 꿈을 이루고 행복해질 것이라 믿는가? 슬프게도 그러한 일은 일어나기 어렵다고 본다. 목표를 달성하거나, 또는 그렇게 되기를 바랄 수는 있겠다. 행여나 목표를 이루었더라도 반드시 '오래오래 행복하게 살았답니다.'라는 결말로 이어지지는 않을 것이다. 결국 미래에 대한 막연한 낙관주의는 또 다른 자기기만에 지나지 않는다.

우리의 마음은 새로운 상황에도 곧잘 적응한다. 이는 진화의 산물이라 할 수 있다. 즉 적응 끝에 생존하여 종족을 보존하려는 본능에서 비롯된 결과인 듯하다. 갖고 싶던 새 자동차나 집을 손에 넣어도 그 행복이 그리 오래가지 못하는 것 역시 '적응' 때문이라고 볼 수 있다. 일단 처음의 흥분이 가라앉고 나면, 다시 짜릿함을 느낄 만한 다른 일을 갈망하게 된다. 이러한 현상을 흔히 '쾌락 적응(hedonic adaptation)'이라 한다.

쾌락 적응의 작동 방식

이제 행복에 대한 당신의 관점을 바꿀 흥미로운 연구를 소개하도록 하겠다. 복권 당첨자와 하반신 마비 환자를 대상으로 한 1978년의 연구는 눈이 번쩍 뜨일 만큼 놀라운 것이었다. 이 연구를 통해 연구진은 복권 당첨이나 하반신 마비가 행복에 미치는 영향을 조사했다.

해당 연구 결과에 따르면 복권 당첨과 하반신 마비를 경험하고 1년이 지나자, 두 집단이 느끼는 행복감의 수준은 모두 그 전과 같아졌다. 결국 예전과 똑같이 행복/불행해진 것이다. 쾌락 적응에 대해 좀 더 자세히 알고 싶다면 미국 심리학자 댄 길버트(Dan Gilbert)의 테드 강연 〈행복의 놀라운 과학(The Surprising Science of Happiness)〉을 참고하기 바란다.

당신은 원하던 것을 이룬다면 행복해지리라 믿고 있지는 않은가. 그러나 이는 행복에 대한 위의 연구 결과와 같이 사실이 아니다. 당신에게 무슨 일이 일어나든, 일단 그 일에 적응하게 되면 이미 정해진 수준의 행복으로 되돌아가기 때문이다.

그렇다면 이는 지금보다 더 행복해질 수 없다는 의미일까? 아니다. 자세히 말하자면 장기적인 관점에서 외부에서 일어나는 일은 당신의 행복 수준에 최소한의 영향만 미친다는 의미이다.

사실 《행복해지는 방법(The How of Happiness)》의 저자 소냐 류보머스키(Sonja Lyubomirsky)에 따르면, 행복의 50%는 유전적인 요인, 40%는 내적 요인이 좌우한다. 그러나 외적 요인은 우리의 행복에 영향을 미치는 비율이 불과 10%에 그친다. 여기에서 외적 요인에 해당하는 것으로 혼인 여부와 경제 수준은 물론, 그와 유사한 여러 사회적 요소가 있다.

외적 요인의 영향은 의외로 미미하다. 결국 당신의 행복에 영향을 미치는 결정적인 요인은 당신에게 일어나는 일들이 아닌, 삶에 대한 당신의 태도에 있다는 것이다.

이제 생존 메커니즘이 감정에 부정적인 영향을 미치며, 더 많은 기쁨과 행복을 경험하지 못하도록 방해하는 방식을 이해했을 것이다. 이와 관련하여 자아에 대한 내용을 다음 장부터 살펴보게 될 것이다.

워크북 Chapter 2 '행복'에서 당신의 도파민 분비를 촉진하는 것들을 적어보라.

Chapter 2

부정적 감정의 배경 살펴보기

당신의 생존 메커니즘은 감정에 영향을 미치는 유일한 요인은 아니다. 반면 당신의 자아(ego)는 감정에 지대한 영향을 미친다. 따라서 감정을 보다 잘 조절하려면 자아의 개념과 발현 방식을 이해해야 한다.

그러면 자아, 즉 '에고'라고도 하는 단어의 용법부터 명확히 짚어보도록 하자. 예컨대 "그 사람은 자아가 비대하다.(He has a big ego)"와 같이 자아를 자부심에 가까운 것으로 이해하기도 한다. 물론 자부심은 의심의 여지 없이 자아가 발현된 결과이기는 하지만, 결국은 자아의 일부일 뿐이다. 다시 말해 자부심을 전혀 드러내지 않고 겸손해 보이는 사람이라도 여전히 자아의 지배를 받을 수도 있는 것이다.

그렇다면 자아란 무엇인가?

자아란 당신이 살아오면서 구축해 온 '자기 정체성'을 뜻한다. 그렇다면 정체성은 어떻게 만들어질까? 단순하게 말하자면 자아는 당신의 생각을 통해 만들어진 것으로, 곧 마음이 만들어낸 정체성이기 때문에 구체적인 실체도 없다.

당신에게 일어나는 일은 그 자체로 의미를 지니지 않는다. 당신이 그 일을 나름대로 해석하면서 비로소 의미가 부여되는 것이다. 그리고 타인의 말에 따라 당신은 스스로에 관한 것들을 있는 그대로 받아들인다. 또한 당신은 스스로를 이름, 나이, 종교, 정치적 신념 또는 직업과 동일시한다.

앞서 언급한 애착에는 결과가 따르기 마련이다. 나중에 다시 살펴보겠지만, 집착은 여러 믿음을 낳고, 그 믿음으로 당신은 특정한 감정을 경험하게 된다. 누군가 당신의 종교나 정치적 신념을 비난한다면 당신은 분노할 것이다.

지금까지의 내용을 잊지 말라. 앞으로 우리는 이 책에서 당신의 '자아'를 당신의 '스토리' 또는 당신의 '정체성'으로 지칭하는 등, 앞의 세 단어를 유의어처럼 사용할 것이다.

자아와 자기 인식

자아의 작동 방식을 이해하려면 일단 자기 인식 수준이 높아야 한다. 자기 인식의 수준이 낮다면 자아의 존재조차 인식하지 못한 채 자아의 노예가 되고 만다.

반면에 자기 인식 수준이 높은 사람은 자아를 꿰뚫어 본다. 이러한 유형의 사람은 신념의 작동 방식은 물론, 그 연속에 대한 과도한 애착이 삶을 괴롭게 만든다는 사실도 잘 알고 있다. 그리고 실제로 그러한 사람은 마음을 잘 다스림으로써 마음의 평화를 누린다.

자아는 좋다고, 나쁘다고도 말할 수 없다. 자아는 자기 인식의 결여에서 나타나는 산물일 뿐이다. 그리고 자아와 자기 인식은 공존할 수 없다. 따라서 자아를 의식하는 순간 자아는 사라진다.

자아가 정체성을 강화하는 법

자아는 마음속의 이기적인 독립체로, 오로지 자신의 생존에만 관심이 있다. 그리고 흥미로운 사실 하나를 얘기하자면 자아의 작동 방식은 뇌와 다소 비슷하다. 그래서 자아 역시 나름의 생존 메커니즘을 지니며, 생존을 위해서라면 무엇이든 하려 든다.

뇌 또한 마찬가지겠지만, 자아의 주요 관심사는 당신의 행복도, 마음의 평화도 아니다. 오히려 그 반대로, 당신의 자아는 잠시도 가만히 있지 못한다. 당신이 성취를 위해 적극적으로 움직이길 바란다. 위대한 일들을 성취해 '대단한 사람'이 되길 바란다.

앞에서도 언급한 바와 같이 자아가 존재하려면 정체성이 전제되어야 한다. 즉 당신을 무언가와 동일시해야 한다는 것이다. 따라서 자아는 사물이나 사람, 신념 또는 관념 등과 자신을 동일시하려 한다.

그렇다면 지금부터 당신의 자아가 정체성을 강화하기 위해 어떠한 요소를 활용하는지 살펴보도록 하자.

물질

자아는 스스로를 물질과 동일시하고 싶어 한다. 그렇기에 자아의 존재는 현대 사회에서 점차 거대해지고 있다. 현재 우리가 살아가고 있는 자본주의 및 소비 사회는 최근 수십 년간 지배적인 경제 모델로 자리 잡고 있다. 어쩌면 이 모든 것이 집단적 자아가 만들어 낸 것이라 할 수 있을지도 모르겠다.

마케팅 전문가들은 사람들이 스스로를 물질과 동일시하려 한다는 점을 잘 알고 있다. 또한 사람들이 제품을 사는 것은 곧 제품 자체 외에도 그 이면의 감성이나 스토리의 가치를 구매한다는 점도 잘 알고 있다. 이처럼 사람들은 높은 사회적 지위나 멋진 모습, 또는 독특한 개성을 보여주기를 원한다. 이에 저마다 그러한 욕망을 가장 잘 충족시킬 제품을 고르려고 할 것이다.

위와 같이 자아는 물질적인 요소를 활용하여 정체성을 수식하는 스토리를 만들려 한다. 물론 물질을 활용하는 일 자체가 잘못되었다는 의미는 아니다. 다만 물질로써 모든 걸 이룰 수 있다는 믿음에 지나치게 집착하는 것이 문제이다. 실제로는 그렇지 않음을 알면서도 말이다.

외모

사람들은 대부분 외모에서 자존감을 채우려 한다. 당신의 자아 또한 외모를 사랑하는데, 이는 외모가 가장 눈에 띄면서 측정하기도 쉽기 때문이다. 또한 외모와 강하게 연관될수록 물리적·정서적 고통과 더욱 쉽게 동일시되는 경향이 있다. 믿기 힘들겠지만, 당신은 스스로를 신체와 '동일시하지 않으려 하면서도' 당신의 몸을 유심히 관찰하기도 한다.

친구 및 지인

자아는 타인과의 관계를 자신과 동일시하려 한다. 특히 자아는 타인과의 관계에서 얻을 수 있는 것에만 관심이 있다. 다시 말하면 자아는 타인을 이용함으로써 정체성을 강화한다.

스스로에게 솔직한 편이라면 당신이 한 일 대부분이 사실상 타인에게 인정받기 위한 것이었음을 알 것이라 생각한다. 즉 당신은 부모가 자랑스러워하고, 상사가 높이 평가하며, 배우자에게 사랑받는 사람이 되기를 바라는 것이다.

이제 다음 예를 통해 자아가 어떻게 작동하는지 좀 더 자세히 살펴보도록 하자.

부모/자식 관계

일부 부모의 자아는 스스로를 자식과 동일시하거나, 자녀에 대한 강한 집착을 보이는 형태로 나타난다. 이러한 집착은 자녀가 자신의 '소유물'이라는 잘못된 믿음에서 비롯된다. 그 결과 자녀의 삶을 통제하고, 자녀를 '이용'함으로써 자신이 젊은 시절에 꿈꾸었던 삶을 살려 한다. 이는 자녀를 통한 대리만족이며, 주변에서 아주 흔히 볼 수 있는 일이다.

청소년 축구 또는 야구 경기를 관람할 기회가 있다면 터치라인 부근에 있는 부모들의 반응을 잘 살펴보자. 그곳에서 대리 만족을 하려는 부모들이 보일 것이다. 그런 유형의 부모는 목이 터져라 소리를 질러대는데, 이는 단순히 자녀를 격려하는 차원을 넘어선다. 이는 대부분 무의식에서 비롯되는 행동일 것이다.

연인

누군가를 갈구하는 감정 역시 자아의 또 다른 특성이다. 이와 관련하여 인도의 영적 지도자 앤서니 드 멜로(Anthony de Mello)는 외로움에 대해 다음과 같이 아름다운 글귀를 남겼다.

"외로움은 타인과 함께한다고 치유되지 않는다. 외로움은 현실과의 접촉, 즉 우리는 타인이 굳이 필요하지 않다는 않는다는 깨달음으로 치유된다."

일단 당신에게 어느 누구도 필요하지 않음을 깨닫는다면 타인과 함께하는 것을 즐기게 된다. 또한 타인에게서 무언가를 얻으려 애쓰지 않으면서 타인의 모습을 있는 그대로 볼 수 있을 것이다.

신념

자아는 신념을 이용하여 정체성을 강화하기도 한다. 사람들은 종종 신념에 지나치게 집착하기도 한다. 극단적인 경우 신념을 지키고자 목숨도 기꺼이 내놓기도 한다. 그런 사람들은 이에 머물지 않고 자신의 신념을 받아들이지 않는 사람을 살해하는 것도 마다하지 않는다.

신념에 대한 지나친 집착의 위험성을 가장 잘 보여주는 단적인 예가 바로 종교이다. 그 외에도 신념이 종교나 정치, 아니면 형이상학적인 것이라도 자아는 이들을 이용하여 자신의 정체성을 강화하려 한다.

그 외 동일시의 대상

자아가 정체성을 강화하기 위해 동일시하는 대상은 다음과 같이 다양하다.

- 당신의 신체
- 당신의 성명
- 당신의 성별
- 당신의 국적
- 당신의 문화적 배경
- 당신의 가족/친구
- 당신의 신념(정치적, 종교적 신념 등)
- 당신의 관점(과거를 해석하는 방식, 미래에 대한 기대 등)
- 당신의 문제(질병, 경제적 상황, 피해의식 등)
- 당신의 나이
- 당신의 직업
- 당신의 사회적 지위
- 당신의 사회적 역할(고용주/고용인, 전업 주부, 부모 등)
- 물질(집, 자동차, 옷, 전화기 등)
- 당신의 소망

자아의 주요 특징

자아의 주된 특징은 다음과 같다.

- '소유'와 '존재'를 동일시하는 경향이 있다. 이는 자아가 여러 대상과의 동일시를 선호하는 이유이기도 하다.
- 늘 비교한다. 자아는 스스로를 다른 자아와 비교하는 것을 좋아한다.
- 결코 만족하는 법이 없다. 자아는 명성과 타인의 인정, 물질을 가리지 않고 언제나 더 크고 많은 것을 원한다.
- 자아의 자존감은 타인의 눈에 비친 당신의 가치에 따라 달라지는 경우가 많다. 자아가 자존감을 가지려면 타인의 인정이 필수적이다.

자아가 우월감을 느끼는 방법

당신의 자아는 타인의 자아를 대상으로 우월감을 느끼고 싶어 한다. 자아는 타인의 주목을 받기를 원한다. 남보다 돋보이기 위해 자아는 타인과의 차별점을 인위적으로 만들어 낸다. 이때 자아가 활용하는 전략은 다음과 같다.

- **사람들을 통해 자신의 가치를 높인다.** 당신에게 똑똑하거나 유명한 친구가 있다면 당신의 자아는 정체성을 강화하기 위해 그 친구와 어울리려 한다. 타인에게 친구 자랑을 늘어놓는 사람이 그렇다.

- **험담을 한다.** 사람들은 남을 험담함으로써 우월감을 느낀다. 유독 남의 험담을 즐겨 하는 사람이 있는데, 그 이유가 바로 우월감 때문이다. 험담을 통해 자신은 물론, 함께 있는 사람 모두 우월감을 느낀다.
- **열등 콤플렉스(Inferiority Complex)를 드러낸다.** 이는 남들보다 더 나아지려는 욕구를 감추려는 것이다. 심지어 이러한 경우에도 사람들은 우월감을 느끼고 싶어 한다.
- **우월 콤플렉스(Superiority Complex)를 과시한다.** 이는 자신이 좋은 사람이 아닐지 모른다는 두려움을 감추려는 것이다.
- **명성을 추구한다.** 이를 통해 자신이 우월하다는 착각을 하게 된다. 이러한 이유로 사람들은 유명해지기를 꿈꾼다.
- **옳은 사람이 되려 한다.** 자아는 옳음을 좋아한다. 이는 자신의 존재를 확인시켜 줄 더없이 좋은 방법이기 때문이다. 당신은 아돌프 히틀러(Adolf Hitler)에서 넬슨 만델라(Nelson Mandela)에 이르는 모든 사람들이 저마다 옳은 일을 한다고 믿는다는 사실을 알고 있는가? 사람들은 대부분 자신이 옳다고 생각한다. 그런데 모든 사람이 과연 그러할까?
- **불평불만을 한다. 불평은 자신이 당연히 옳고 타인은 그르다는 믿음에서 비롯된다.** 이는 대상이 물체인 경우에도 적용된다. 당신은 식탁에 부딪혀 불평불만을 늘어놓거나 욕까지 한 적이 있는가? 나는 그랬다. 빌어먹을 놈의 식탁! 내가 가는 길을 가로막았으니 잘못은 식탁에게 있지 않은가?
- **관심을 끌려 한다.** 자아는 돋보이기를 원하며, 타인에게서 인정이나 칭찬, 존경받기를 좋아한다. 남들의 관심을 끌기 위해 범죄를 저지르거나 기괴한 옷을 입거나 전신에 문신을 하기도 한다.

자아가 감정에 미치는 영향

자아의 작동 방식을 이해하면 감정 조절이 쉬워진다. 그 이전에 당신의 현재 스토리가 스스로를 타인이나 사물, 또는 관념과의 동일시에서 비롯되었음을 이해해야 한다. 이러한 동일시는 당신의 삶 속에서 마주하게 될 부정적 감정의 근원이다. 이에 대한 사례는 다음과 같다.

- 삶이 당신의 스토리에 따라 펼쳐지지 않을 때, 당황하거나 아니면…
- 누군가 당신의 신념에 이의를 제기할 때 방어적인 자세를 취한다.

간단하게 말하자면 당신의 감정은 대부분 당신에게 내재된 개인적인 스토리나 세상을 인식하는 방식에서 비롯된다. 현재의 스토리를 당신에게 보다 큰 힘을 주는 것으로 대체하고, 동시에 타인이나 사물, 또는 관념에 대한 과한 집착을 내려놓는다면 보다 긍정적인 감정을 느끼게 될 것이다. 이와 관련하여 이 책의 뒷부분에서 우리는 세상을 해석하는 방식을 바꾸는 방법에 대해 살펴볼 것이다.

잠시 시간을 내어 워크북 Chapter 3 '부정적 감정의 배경 살펴보기'에 제시된 질문에 답해 보라.

Chapter 3

감정의 힘을 다스리는 법

감정은 다루기가 참 까다롭기도 하다. 이 장에서는 감정의 작동 원리에 대해 깊이 있게 논의하고자 한다. 이 장의 내용을 통해 감정의 이면에 숨은 메커니즘을 이해함으로써 순간마다 솟아오르려는 감정을 효과적으로 관리할 수 있을 것이다.

먼저 감정은 휘발성을 지닌다는 점을 이해해야 한다. 어느 순간에는 행복하다가도 지나고 나면 갑자기 슬퍼지듯이 말이다. 이와 같이 감정 조절과 더불어 예측 불가능한 감정의 특성도 잘 알아야 한다. 언제나 행복할 것이라는 기대는 실패할 수밖에 없다. 행복해지는 데 '실패'한다면 그 원인을 자신의 탓으로 돌리며 크게 자책하게 된다.

감정 조절은 감정이 일시적이라는 사실을 받아들이는 것에서 시작된다. 그렇기에 감정을 스스로와 동일시하지 않고 흘려보내는 법부터 배워야 한다. 그리고 "절대 슬퍼져서는 안 돼." 또는 "대체 뭐가 잘못된 거지?"와 같은 말보다 그러한 감정을 받아들일 수 있도록 해야 한다. 즉 감정을 현실로서 수용해야 한다는 것이다.

당신이 정신적으로 강하더라도 살다 보면 여전히 슬픔이나 비통함 또는 우울함을 경험할 것이다. 이들 감정을 단번에, 또는 지속적으로 느끼지 않는다면 그나마 다행일 것이다. 또한 가끔 실망감이나 배신감을 비롯하여 불안감, 분노, 수치심도 느끼게 될 것이다. 그러면서 당신은 물론, 원하는 사람이 되기 위한 당신의 능력을 의심하기도 한다. 그러나 걱정할 것은 없다. 감정은 언제나 생겨나면서도 사라진다. 여기에서는 언젠가 '사라진다'는 사실이 중요하다.

부정적인 감정이 꼭 나쁜 것만은 아니다

부정적인 감정에 빠진다면 사람들은 이를 나약한 정신 때문이라 여기며 스스로를 탓하기도 한다. 심지어는 무언가 잘못되었다고 믿기까지 한다. 그러나 내면의 소리가 뭐라고 하든 당신의 감정은 나쁜 것이 아니다. 감정은 그저 감정일 뿐 그 이상도 이하도 아니다.

지금의 당신이 우울하다고 해서 3주 전의 행복했던 당신보다 못하지는 않다. 지금 슬프다고 해서 앞으로 영영 웃을 수 없다는 얘기가 아니다.

당신의 괴로움은 감정 자체의 탓이 아니다. 당신이 감정을 잘못 해석했기 때문이다. 그리고 고통의 책임을 감정에 전가하고 있을 뿐이다.

부정적인 감정은 사실 도움이 되기도 한다. 밑바닥을 경험해야 정상에도 오를 수 있는 법이다. 세상에서 가장 강인한 사람조차 우울증에 걸리기도 한다. 테슬라의 최고경영자 일론 머스크(Elon Musk)도 신경쇠약에 걸릴 것이라 누구도 상상하지 못했지만, 그는 결국 극복해 냈다.

16대 미국 대통령 에이브러햄 링컨(Abraham Lincoln)은 약혼녀를 잃은 뒤 몇 개월간 실의에 빠져 지냈다. 그러나 그 비극적인 사건도 링컨의 미국 대통령 당선을 막지 못했다.

위와 같이 부정적인 감정은 목표를 이루는 데 가끔 도움을 주며, 경각심을 일깨워주기도 한다. 그리고 당신의 긍정적인 면을 깨닫게 하는 역할을 하기도 한다. 물론 부정적인 감정에 빠져 있는 동안은 세상의 밝은 면을 보기가 어려울 수도 있다. 하지만 시간이 지나고 뒤를 돌아본다면 슬픔마저 당신의 성공에 나름대로 중요한 역할을 한다.

부정적인 감정의 긍정적인 역할

감정은 삶을 더 어렵게 하려고 생겨나지 않는다. 바로 우리에게 알려줄 것이 있으니 나타나는 것이다. 감정이 없다면 우리에게 성장은 없다.

부정적인 감정을 신체적 고통과 비슷하다고 생각해 보자. 물론 아픈 건 싫겠지만, 고통이 없다면 우리의 몸은 죽은 것이나 다름없다. 신체적 고통은 어딘가 잘못되었다는 강력한 신호를 보낸다. 이에 당신으로 하여금 의사에게 진찰을 받는 등의 조치를 취하도록 한다. 그 조치의 결과로 수술을 받거나, 식단 또는 운동량을 조절하게 될 것이다.

반면 신체적 고통을 느끼지 못한다면 조치를 취할 필요도 없어 상황이 크게 나빠질 것이다. 운이 나쁘다면 때 이른 죽음을 맞게 될 수도 있다.

감정의 작동 방식 또한 위와 비슷하다. 감정의 발산 역시 현재 상황에 조치가 필요하다는 신호를 보내는 것이다. 당신을 괴롭게 하는 사람과의 관계를 끝내거나, 직장을 그만두거나 또는 부정적인 스토리를 끊어내야 할 수도 있다.

감정의 휘발성

어느 날 아무리 우울하고, 슬프고, 끔찍한 감정과 마주치더라도 감정은 조만간 사라진다. 과거에 경험했던 부정적인 감정을 되짚어 보자. 그리고 살면서 가장 힘들었던 시기들을 떠올려 보자.

가장 힘들었던 날, 당신은 감정에 매몰되어 그 시기를 벗어나지 못하리라 생각했을 것이다. 그뿐 아니라 행복은 꿈도 꾸지 못했을 것이다. 그러나 그 힘든 시기도 언젠가는 끝난다. 그렇게 먹구름이 걷히고 진정한 당신이 다시 빛나기 시작한다.

이상과 같이 감정은 생겨났다가 사라진다. 우울한 감정도, 슬픔도, 분노도 사라진다. 만일 동일한 감정을 반복적으로 경험한다면, 이는 당신이 소모적인 믿음에 매달려 변화가 필요하다는 징후임을 명심하도록 하자. 이에 대한 구체적인 방안은 뒤에 설명하도록 하겠다. 혹시라도 당신이 심한 만성 우울증을 앓고 있다면, 전문가와의 상담을 추천한다.

감정의 장난

다시는 행복해지지 못할 거라고 느낀 적이 있는가? 아니면 감정에 너무 깊이 빠진 나머지 그 감정이 결코 사라지지 않을 것이라 느낀 적은 없었는가? 그렇다면 걱정하지 않아도 된다. 이는 흔히 겪는 일이니까 말이다.

부정적인 감정은 필터와도 비슷해서 당신이 겪는 경험의 질을 낮춘다. 부정적인 감정에 사로잡혀 있을 때는 그 감정의 필터를 통해 모든 경험을 인지한다. 세상은 변함없이 그대로임에도 당신은 감정 상태에 따라 전혀 다른 방식으로 세상을 경험하게 되는 것이다.

예컨대 우울한 감정에 빠져 있을 때는 음식과 영화는 물론, 참여하는 활동마저 제대로 즐기지 못한다. 또한 덫에 걸린 듯 무력감에 빠져 모든 것의 부정적인 면만 보게 된다. 반면 긍정적인 감정을 품은 상태에서는 삶 속의 모든 것이 좋아 보인다. 음식은 꿀맛처럼 느껴지고, 어떤 활동이라도 즐거워하며, 사람들에게도 자연스레 호의적인 모습을 보인다.

이 책에서 얻은 지식으로 무장한 당신은 우울한 감정에 다시는 빠지지 않으리라 믿을지도 모르겠다. 물론 그 생각은 틀렸다. 여전히 슬픔이나 좌절, 우울 또는 분노를 느낄 것이다. 그러나 다행스럽게도 그 감정이 다가올 때마다 '이것 또한 지나가리라'라는 사실을 상기하며 점점 더 현명해질 것이다.

솔직히 말하자면 나 또한 감정에 쉽게 휘둘리곤 한다. 물론 나는 스스로의 감정과 동일시하지는 않지만, 여전히 너무 많은 것을 감정 탓으로 돌리곤 한다. 그러다 보면 감정이 잠시 왔다 가는 방문객에 지나지 않는다는 사실을 잊어버리기도 한다.

중요한 얘기인데, 나는 때때로 감정이 내가 아니라는 사실을 잊곤 한다. 늘 생겨났다 사라지는 감정과 달리 나는 항상 그대로인데도 말이다. 한때 폭풍우처럼 격렬한 감정이 지나갔을 당시, 내 감정을 너무나 심각하게 받아들였던 스스로가 바보 같다는 생각이 들기도 한다. 당신도 그런 적이 있었는가?

흥미로운 사실로, 감정이 갑자기 변할 때 외부 요인은 직접적인 원인이 아닐 수도 있다. 물론 실제로도 아닌 경우가 많다. 다시 말해서 상황도, 직장도, 통장 잔고도, 평소 안고 있던 문제들도 그대로인데, 감정 상태만 급격히 달라지는 것이다.

지난날을 돌이켜보면 가끔 그러한 일은 있었다. 그럴 때면 적게는 두어 시간에서 많으면 며칠 동안 조금 우울했다가도 갑자기 '평소의' 감정 상태로 되돌아간다. 이처럼 감정적으로 스트레스에 시달리는 동안에도 상황은 전혀 변하지 않았다. 당신의 내적 소통 양상만 변했을 뿐이다.

이상과 같은 일이 일어날 때마다 이를 의식적으로 인지하고. 감정의 장난을 알아차리기 위해 노력할 것을 권한다. 더 나아가 그 일을 기록하는 것도 좋은 방법이다. 이를 통해 당신은 감정의 작동 방식을 좀 더 깊이 이해하면서 감정을 더 잘 관리할 수 있을 것이다.

감정의 사악한 힘

"감정은 대개 활성화된 사고 패턴으로 증폭되어 나타난다. 그 압도적인 에너지 때문에 처음에는 감정을 들여다볼 만큼 온전한 상태를 유지하기가 어렵다. 또한 감정은 당신을 지배하려 든다. 당신의 내면에 충분한 존재감이 없다면 감정에 잡아먹힐 것이다."

에크하르트 톨레, 《지금 이 순간을 살아라》

부정적인 감정은 마치 마법의 주문 같다. 일단 그 영향력 아래 들어가면 빠져나오는 것이 불가능해 보인다. 같은 생각을 계속 곱씹는 것이 무의미함을 알면서도 우리는 그 흐름을 거스르지 못한다. 강력하게 끌어당기는 듯한 힘 아래 스스로를 계속 당신의 생각과 동일시하게 된다. 그 결과 상황은 더욱 악화된다. 이러한 경우는 합리적인 주장도 통하지 않아 보인다.

그리고 감정이 당신의 스토리에 부합할수록, 끌어당기는 힘은 점점 더 강해진다. 그 예로 자신에게 주어진 일을 충분히 잘하지 못하다고 믿는다면, 그때마다 죄책감이나 수치심 같은 부정적인 감정을 경험한다. 그리고 이들 감정은 이전부터 워낙 많이 마주한 탓에 이미 자동적인 반응이 되어 버린다.

감정의 영향력

감정의 상태는 인생관에 지대한 영향을 미친다. 이는 당신의 행동과 대처 방식과도 직결된다. 긍정적인 감정으로 일관한다면 넘치는 활력 속에서 다음과 같은 일을 경험할 것이다.

- 모든 일에 더 큰 자신감을 갖게 된다.
- 열린 마음으로 삶을 바꾸는 새로운 방법을 구상한다.
- 안전지대에서 벗어난다.
- 힘든 시기를 버틸 수 있는 심적 여유가 생긴다.
- 아이디어와 창의력이 향상된다.
- 같은 감정 범주에서 긍정적인 감정이 쉽게 생겨난다.

위와 다르게 부정적인 감정 상태에 있다면 에너지가 떨어지면서 아래에 제시된 바를 겪게 된다.

- 모든 일에 자신감을 잃게 된다.
- 동기 결여로 자발적인 행동 범위가 떨어진다.
- 새로운 도전을 꺼리며 안전지대에 머무르려 한다.
- 좌절을 인내하는 힘이 떨어진다.
- 같은 감정 범주에서 부정적인 생각만 하게 된다.

이제부터는 내가 살아오면서 직접 겪은 예를 소개하도록 하겠다. 두 사례 모두 같은 외부 상황을 토대로 일어난 일이다. 여기에서 달랐던 것은 내 감정뿐이었다.

사례 1: 온라인 사업 준비로 들떠 있을 때

- 나의 모든 일에 자신감이 더 커진다. 스스로의 아이디어가 퍽 괜찮아 보인다. 책 쓰는 일에 흥미를 느껴 열심히 글을 쓴다. 나의 일을 타인과 기꺼이 공유하려 한다.
- 마음을 열고 새로운 행동 방침을 생각해 낸다. 새로운 아이디어를 받아들이거나 신규 프로젝트에 착수한다. 다른 저자와의 공동 작업 방안과 독자를 위한 새로운 코칭 프로그램을 고안한다.
- 안전지대를 벗어나면서 일이 더욱 쉬워진다. 초면인 사람과 만나거나 '페이스북 라이브'를 운영하기도 한다.
- 인내할 수 있는 감정적 여유가 커진다. 그리고 동기가 결여된 상황에서도 맡고 있는 프로젝트를 계속 진행해 나간다.
- 아이디어와 창의력이 더 커지고 풍부해진다. 또한 기꺼이 새로운 아이디어들을 받아들인다. 책이나 논문 또는 창의적인 프로젝트를 시작할 새로운 아이디어들을 떠올리기도 한다.
- 긍정적인 감정을 보다 쉽게 느낀다. 이에 따라 긍정적인 감정을 더욱 끌어당긴다. 동시에 나를 부정적인 생각과 동일시하지 않음으로써 그러한 감정을 효율적으로 거부한다.

사례 2: 결과가 안 좋아 다소 침울해져 있을 때

- 자신감이 떨어진다. 나 자신뿐 아니라 현재 맡고 있는 모든 프로젝트에 회의감이 들기 시작한다. 갑자기 나의 일이 모두 쓸모없어 보이거나 내가 잘하고 있지 못하다고 느낀다. '이게 다 무슨 소용이지?', '지금 잘하지 못하는 것 같아.' 또는 '난 멍청해.' 같은 생각들이 마음속을 휘젓는다. 이에 나를 홍보하는 일이 매우 어려워진다.
- 동기가 점점 사라지면서 그 무엇도 하고 싶지 않다. 자꾸 부정적인 생각이 들고, 그 생각에서 벗어나지 못한다. 고장 난 축음기처럼 부정적인 생각이 반복적으로 찾아온다. 그리고 그러한 생각이 강해지면서 모든 경험을 망친다.
- 새로운 도전을 받아들이기 어려워한다. 또한 에너지 부족으로 안전지대를 떠나 도전적인 프로젝트를 맡기 힘들어진다.
- 인내력이 떨어져 간다. 맡은 일을 끝맺기 힘들어지며, 반드시 '해야 할' 일을 자꾸만 미룬다.
- 부정적인 생각을 하려고 들며, 그 경향성이 더욱 짙어진다. 부정적인 생각이야 과거에도 했지만, 지금은 그 생각에 너무 깊이 빠져 있다. 그리고 나를 부정적인 생각과 동일시함으로써 그러한 생각을 점점 더 많이 하게 된다.

감정의 자기장

감정은 자석처럼 작동하면서 비슷한 생각들을 끌어들인다. 부정적인 감정 상태에서 계속 그러한 생각을 하게 되는 것이 바로 그 때문이다. 그리고 부정적인 생각에 계속해서 매달린다면 상황은 더욱 악화된다.

독일 작가 에크하르트 톨레(Eckhart Tolle)는 저서 《지금 이 순간을 살아라(The Power of Now)》를 통해 다음과 같이 말한다.

"당신의 생각과 감정이 상생하는 악순환이 생겨나기도 한다. 생각의 패턴은 자체적인 확대 재생산을 통하여 특정한 감정의 형태를 띠도록 한다. 또한 감정은 자신의 진동 주파수로 원본이 되는 생각의 패턴에게 먹잇감을 공급한다."

그렇다면 이제부터 감정의 자력에서 어떻게 벗어나야 하는지에 대해 살펴보도록 하자.

감정의 자기장에서 벗어나기

직장에서 좋지 않은 일로 당신의 상태가 최악이라고 가정해 보자. 당신은 부정적인 감정 상태에 빠져 있고, 그로 인해 더 많은 부정적인 생각을 끌어들이게 된다. 그 와중에 서른이 되었음에도 아직 미혼이며, 살까지 쪄버린 사실이 느닷없이 떠오르면서 자괴감에 시달린다. 엎친 데 덮친 격으로 다음 주 토요일에도 출근해야 한다는 점까지 생각나면서 직장생활 때문에 스스로가 지나치게 혹사당하는 것은 아닌가 싶기도 할 것이다.

위와 같이 기분이 좋지 않을 때는 자신도 모르게 자꾸만 부정적인 생각을 하게 된다. 그렇지 않은가? 이를 막으려면 부정적인 생각을 끌어들이는 습관을 버려야 한다.

실제 사례

현재 나는 무릎에 문제가 있어 운동을 할 수 없다. 그런데 운동을 쭉 좋아했던 나에게 부상은 괴로움의 근원이다. 다행히 무릎 통증을 느끼는 경우는 거의 없지만, 어쩌다 통증이 오면 부정적인 감정이 생겨난다.

어느 날 나는 생각의 흐름을 관찰하면서 무릎 통증이 오면 그날의 기분에 부정적인 영향을 받게 되면서 부정적인 감정에 빠지는 악순환에 휘말린다는 사실을 깨닫게 되었다. 결국 통증이 올 때면 직장생활에서 사생활까지 모든 것이 잘못되어 가고 있다는 부정적인 생각에 사로잡히는 것이다. 그렇게 나는 몇 시간, 심지어 며칠 동안 부정적인 감정에 마음을 빼앗긴 적이 있다.

이상을 통해 말하고자 하는 바는 당신의 삶이 아무리 잘 풀리는 중이라도 대부분의 시간을 문제 해결에 써 버린다면 금세 우울에 빠지게 된다는 것이다. 따라서 부정적인 감정을 줄이려면 그 감정과 당신이 처한 문제가 서로 영향을 받지 않도록 따로 떼어 놓는 법을 배워야 한다. 서로 무관한 문제를 한데 그러모아 당신의 마음이 상황을 과장하지 않게 하라. 그렇지 않으면 기분만 더 나빠질 뿐이다.

따라서 부정적인 감정은 당신의 마음속에서만 존재함을 잊지 말라. 따로 떼어 놓고 생각해 보면, 당신의 문제는 대부분 그리 크지 않다. 그리고 모든 문제를 한꺼번에 해결해야 한다는 법칙도 없음을 알게 된다.

일단은 당신의 기분이 어떠한지 파악하는 것부터 시작하자. 그다음 부정적인 감정을 기록하라. 그리고 그 감정의 원인은 무엇인가를 살펴보도록 하자. 그러면 특정 패턴을 밝혀낼 수 있을 것이다. 만약 당신이 이틀 동안 슬픔에 빠져 지냈다면 스스로에게 다음 질문을 해 보라.

- 이 감정이 생겨난 이유는 무엇인가?
- 이 감정이 계속 커지는 이유는 무엇인가?
- 스스로에게 어떠한 스토리를 들려주었는가?
- 이 슬럼프에서 벗어난 방법과 이유는 무엇인가?
- 이 일을 통해 무엇을 배울 수 있는가?

위 질문에 모두 답하였다면 이후에 비슷한 문제를 해결할 때 아주 큰 도움이 될 것이다. 이러한 점에서 그 질문은 가치가 있다고 할 것이다.

마음이 받아들이는 것과 그렇지 않은 것

지금까지 살펴본 바와 같이 당신은 스스로의 감정 상태와 비슷한 생각을 끌어들임을 알게 되었다. 반대의 경우도 마찬가지이다. 다르게 말하면 어떠한 기분이라도 그와 비슷하지 않은 생각은 끌어들이지 않는다.

설사 긍정적인 생각을 하려고 노력해도 당신의 마음이 이를 받아들이려 하지 않을 것이다. 물론 슬픔에 잠겨 있을 때에도 마음속에서 긍정적인 생각들도 오가겠지만, 당신은 그런 생각들을 받아들이려 하지 않을 것이다. 결국 당신의 감정 상태는 바뀌지 않는다.

감정의 사다리

슬픔에 빠져 있을 때 힘을 내라거나, 그럼에도 감사해야 한다는 말을 들어본 적이 있는가? 혹시 그러한 말이 도움이 되었는가? 아마 그렇지 않았을 것이다. 슬픔이란 감정에 빠져 있을 때는 힘을 낼 수도 없고, 감사할 수도 없기 때문이다.

에스더 힉스(Esther Hicks)와 제리 힉스(Jerry Hicks)의 저서《감정 연습(Ask and It is Given)》에서는 여러 감정의 연결 양상을 보여준다. 그리고 감정의 사다리를 타고 부정적인 감정에서 긍정적인 감정으로 올라가는 방법을 설명하는 모델을 제시하고 있다.

감정의 사다리 모델에는 우울이나 절망감이 가장 아래쪽에 있으며, 바로 위에는 분노가 위치한다. 즉 우울에 빠져 있을 때 분노의 조짐이 보인다면 감정의 사다리를 타고 올라간다는 의미이다. 일리가 있는 말이다. 우울에 빠져 있을 때보다는 분노를 느낄 때 더 큰 에너지를 갖고 있는 법이니까. 그렇지 않은가?

최근에 나는 한동안 우울함을 겪은 뒤 분노를 느낀 적이 있다. 나는 마음 속을 휘젓는 스토리와 변명에 신물이 난 나머지 분노를 연료 삼아 그동안 기피했던 일들을 마무리했다. 결국 나는 그 여세를 몰아 감정의 사다리를 오를 수 있었다.

그러니 부정적인 감정을 경험할 때마다 더 큰 에너지를 주는 감정을 기다려 보자. 분노와 같은 부정적인 감정은 절망처럼 에너지를 앗아가는 감정을 극복하는 데 도움이 될 수 있다. 당신의 감정이 어떠한지 아는 사람은 당신뿐이다. 그러니 분노로 기분이 더 나아질 수 있다면, 그 분노를 받아들여라.

감정과 정신적 고통

당신은 살아오면서 불필요한 고통을 많이 만들고 있다는 사실을 알고 있는가? 특정한 생각이나 감정에 매몰될 때마다 당신은 괴로워한다. 이는 우리가 신체적 고통에 어떻게 반응하는가를 관찰한다면 이해할 수 있을 것이다. 고통을 느낄 때 첫 반응은 그 고통을 해석하는 것이다. 이 과정에서 부정적인 생각을 만들어 낸다. 그리고 스스로를 부정적인 생각과 동일시하면서 정신적 고통을 만들어 낸다. 그 와중에도 마음속에는 다음의 생각이 떠오른다.

- 이 고통이 영영 사라지지 않으면 어쩌지?
- 이 고통 때문에 더 이상 X, Y, Z를 못하게 된다면 어쩌지?
- 이 고통이 더 심해지면 어쩌지?
- 수술을 받아야 한다면 어쩌지?
- 기한 내에 마쳐야 하는 중요한 프로젝트가 있는데, 이러다 출근도 못하면 어쩌지?
- 이 고통 때문에 내일도 힘들 거 같은데?
- 돈도 없는데, 상황까지 안 좋아지면 병원비는 어떻게 하지?

위와 같은 내면의 혼잣말에서 고통이 생겨나지만, 그 고통은 문제 해결에 아무 도움도 되지 않는다. 당신은 위에서 제시한 걱정에 매몰되지 않고도 얼마든지 할 일을 하면서 적절한 극복 방안을 생각해 낼 수 있다. 문제는 부정적인 감정이 아니라, 그러한 감정으로 생겨나는 정신적 고통이다.

정신적 고통의 또 다른 예는 미루기이다. 이런저런 걱정에 며칠에서 몇 주 동안 일을 미루다가 그 일을 끝내고서야 뒤늦게 그 걱정이 대수로운 것이 아님을 깨달은 적이 있는가? 혹시 당신을 가장 지치게 한 것은 일 자체였는가, 아니면 그 일에 걱정하며 보낸 시간이었는가?

위와 관련하여 당신은 잠도 제대로 자지 못하고 내일은 힘든 하루가 될 거라는 생각을 마음속으로 계속 되뇐 적이 있을 것이다. 당신이 해야 할 일들을 모두 떠올리는 탓에 시작하기도 전에 지쳐버리는 것이다.

심리학 연구에 따르면 에너지를 가장 많이 소모하는 것은 바로 정신적 고통이라고 한다. 하루 종일 책상에 앉아 있는 것은 그리 힘든 일이 아닌데도 사람들은 하루가 끝날 때쯤이면 지치는 느낌을 받는다. 데일 카네기(Dale Carnegie)의 고전 《데일 카네기 자기관리론(How to Stop Worrying and Start Living)》에서는 다음과 같은 글이 적혀 있다.

"한술 더 떠서 미국에서 가장 유명한 정신과 의사인 A. A. 브릴(A. A. Brill) 박사는 "건강한 근로자가 앉아서 일할 때 주로 느끼는 피로감은 우리가 순전히 감정적 요인이라고도 하는 심리적인 요인으로 생겨난다."라고 말한 바 있다."

사람들은 스스로에게 크나큰 고통을 가한다. 이 책을 계속 읽다 보면 그러한 행동이 얼마나 어리석은 일인지 깨닫게 될 것이다. 당신은 바꿀 수도 없는 과거의 일을 계속해서 곱씹는 사람, 예측 불가능한 미래의 일을 걱정하는 가족과 친구를 보았을 것이다. 그런가 하면 쳇바퀴 돌듯 계속 같은 생각만 하면서 마음속에나 존재하는 문제와 싸우는 사람도 본 적이 있을 것이다. 이에 신비주의자는 수천 년 동안 문제는 우리 마음속에 있다고 말하면서 우리에게 내면을 지속적으로 들여다보라고 했다. 그러나 지금 그 말에 귀를 기울이는 사람이 얼마나 될 것인가?

너무나 많은 사람들이 자신의 문제에 매몰되어 있다. 그럼에도 우리는 그 문제를 놓아주지 않으면서 불평불만에 피해자인 척을 하며 남 탓을 하기도 한다. 또한 해결책은 찾지도 않으면서 문제에 계속 집착하며 갑론을박만 한다. 그러한 정신적 고통을 줄이려면 에너지만 쓸데없이 소모하는 부정적인 방식으로 우리의 감정을 해석하지 않아야 한다.

문제는 애초에도 없었다

한발 더 나아가 현실을 객관적으로 본다면, 문제는 애당초 존재하지 않았다고 말할 수 있다. 그 이유는 다음과 같다.

- 당신이 관심을 두지 않으면 문제는 존재하지 않는다. 문제는 당신이 관심을 보일 때 나타난다. 관점을 당신의 마음으로 돌리면 당신에게 관심이 없는 것은 존재하지도 않는다는 것이다. 그 예로 당신이 한쪽 다리를 잃었다고 가정해 보자. 그 사실을 곧장 받아들이고, 이를 생각하지 않는다면 어떠한 문제도 일어나지 않을 것이다. 그리고 이에 수반되는 정신적 고통도 없을 것이다. 당신은 그저 현실 속에서 살 뿐이다. 물론 일반적으로는 그렇지 않겠지만 말이다.
- 문제는 오직 시간 속에서, 즉 과거나 미래에만 존재할 수 있다. 그렇다면 과거와 미래는 어디에 있는가? 바로 당신의 마음속이다. 문제를 인정하려면 생각을 해야 하는데, 우리의 사고는 현재의 순간이 아닌 시간 속에 존재한다.
- 문제가 실제 존재하려면 문제라고 간주하는 것이 필요하다. 따라서 문제는 당신이 어떤 상황을 문제라고 해석할 때에만 존재한다. 그렇지 않는다면 문제란 없다.

위에서 소개한 개념은 처음에 이해하기 어려울 수도 있으나, 근본적인 개념이다. 다음 장에서는 당신의 감정에 영향을 미치는 다른 요소에 대해 살펴볼 것이다.

워크북 Chapter 4 '감정의 힘을 다스리는 법'에서 감정의 본질을 탐구해 보라.

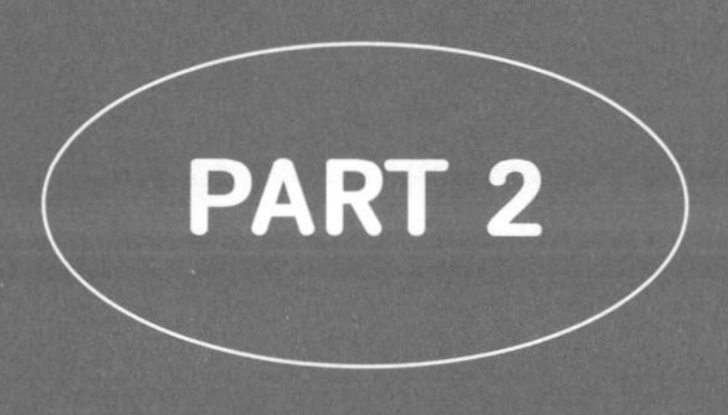

PART 2

감정의 흐름을 만드는 것들

당신의 마음은 GIGO, 즉 'Garbage In, Garbage Out'(쓰레기를 넣으면, 쓰레기가 나온다. 무가치한 데이터를 넣으면 무가치한 결과가 나온다는 말)이라는 유명한 컴퓨터의 연산 법칙에 따라 움직인다. 당신이 만일 나쁜 일, 그리고 그러한 말과 행동을 한다면 그 찌꺼기로 당신은 병들 것이다. 그러나 그 반대라면 결과는 좋을 것이다.

옴 스와미, 《백만 가지 생각(A Million Thoughts)》

감정은 복합적이다. 이처럼 감정이 발산하는 다양한 요인의 영향으로 우리의 기분이 결정된다. 지금부터 우리는 당신의 감정에 영향을 주는 요소를 살펴볼 것이다. 여기에서 희소식은 당신이 감정을 어느 정도 조절할 수 있게 되었다는 것이다.

당신의 생존 메커니즘에서 자연스레 생겨나는 감정적 반응을 제외한다면, 당신이 느끼는 대부분의 감정은 스스로 만들어 낸 것들이다. 그리고 이들 감정은 생각이나 일에 대한 당신의 해석 방식에서 생겨난다. 그러나 그것이 당신의 감정 상태에 영향을 주는 유일한 요소는 아니다. 당신의 신체 상태와 목소리, 또는 수면 시간이나 당신이 먹는 음식도 감정의 질, 더 나아가 결과적으로 삶의 질을 결정하는 데 중요한 역할을 한다.

이제부터 각 요인이 당신의 감정에 어떠한 영향을 미치는가를 살펴보도록 하자.

Chapter 4

수면과 감정의 상관관계

수면의 질과 시간은 당신의 감정 상태에 영향을 준다. 이와 관련하여 당신 또한 수면 부족의 후유증을 직접 경험해 봤을 것이다. 신경이 예민해지고 집중이 안 되거나 무기력해지면서 부정적인 감정들을 다스리기가 힘들었을 것이다.

수면 부족은 여러 면에서 기분에도 영향을 미칠 수 있다. 불안과 우울에 시달리는 사람들을 대상으로 한 조사에 따르면, 응답자 대부분이 밤에 6시간도 못 잔다고 답했다.

또한 수면 부족은 사망 위험도까지 높인다. 2016년에 비영리단체 RAND(Research ANd Development) 유럽 연구소의 연구진이 실시한 한 연구에 따르면 수면 시간이 6시간 미만인 사람은 7~9시간인 사람에 비해 사망 위험률이 13% 높아진다고 추정하였다. 이 연구에 따르면 수면 부족이 미국 경제에 일으킨 손실이 연간 4,110억 달러로 추산된다.

흥미로운 사실로, 수면 부족은 긍정적인 경험을 즐기는 능력까지 저해하는 것으로 보인다. 한 연구에 따르면 수면이 부족한 사람은 그렇지 않은 사람에 비해 긍정적인 경험을 통해 체감할 수 있는 효과를 누리지 못했다.

수면의 질을 높이는 방법

수면의 질을 높이는 방법은 많다. 그중 몇 가지를 소개하면 다음과 같다.

- **침실을 어둡게 하라.** 여러 연구 결과에 따르면 침실이 어두울수록 숙면을 취할 수 있다. 침실이 어둡지 않다면, 어떻게 더 어둡게 만들 수 있을까? 바로 수면 안대나 암막 커튼을 활용하는 것이다.
- **전자제품 사용을 피하라.** 잠들기 전 사용을 피해야 할 전자제품으로는 스마트폰, 태블릿, 텔레비전 등이 있다. 'SleepFoundation.org'에는 다음과 같은 글이 있다. "연구 결과에 따르면 우리가 사용하는 소형 전자제품에서는 뇌를 자극하여 잠들지 못하게 할 정도의 빛이 나온다. 성인도 그 빛에 영향을 받기는 하지만, 아이들은 특히 취약하다." 또한 미국 국립과학원 회보(PNAS)에 발표된 2014년 연구에 따르면 책이 아닌 전자제품으로 독서를 하는 실험 참가자의 경우 수면 패턴

을 관장하는 화학물질인 멜라토닌이 50%나 줄었다. 그들은 잠드는 데 10분 정도 더 걸렸을 뿐 아니라 10분간 숙면, 즉 REM 수면 상태에 진입하지도 못했다. 해당 참가자들은 아침에 잠이 깼을 때도 정신이 또렷하지 않았다고 답했다. 당신이 사용하는 전자제품에 야간 사용을 위한 밝기 조정 기능이 내장되어 있더라도 여전히 수면에 부정적인 영향을 주겠지만, 만에 하나 그 기능을 사용하여 수면 패턴에 변화가 생기는지 시험해 보라. 부득이하게 밤에 전자제품을 써야 한다면 전자제품에서 나오는 블루라이트를 차단하는 안경을 쓰는 걸 고려하길 바란다. 블루라이트 차단 안경은 잠자리에 들기 전 몇 시간 동안 쓰는 것이 가장 좋다.

- **마음을 편하게 진정시켜라.** 당신도 나와 같다면, 잠자리에 들 시간마다 여러 가지 생각이 머릿속을 휘저을 것이다. 나는 새로운 아이디어나 하고 싶은 일이 생각나 크게 들떠 있을 때가 많다. 그래서 '잘하면 오늘 낮에 끝낼 수도 있었는데.'라고 생각되는 일들이 너무 많아 아쉽기도 하다. 나는 바로 그러한 감정 때문에 잠들기 어렵다. 또한 나는 잠자리에 들기 전 전자제품을 모두 끄는 것 외에 차분한 음악을 듣는 것 역시 큰 도움이 되고 있다. 또한 종이로 된 책을 읽는 것도 마음을 편하게 하는 데 도움이 되고 있다. 물론 책을 읽고 심적으로 흥분되거나 들뜨지만 않는다면 말이다.
- **잠자리에 들기 전 2시간 이내에 많은 양의 물을 마시지 말라.** 너무 뻔해 보여도 언급할 가치는 있는 말이다. 물을 많이 마셔서 한밤중에 화장실을 가야 한다면 수면 패턴에 방해가 될 것이다. 그렇다면 결과적으로 다음 날에는 더 피곤함을 느끼게 될 것이다.
- **같은 시간에 잠자리에 들라.** 이 방법만으로 쉽게 잠드는 데 도움이 될 것이다. 주말을 포함한 매일 밤, 같은 시간에 잠자리에 들려고 노력하는 것이 가장 좋다. 주말에 외출하느라 밤늦게까지 깨어 있다면 같은 시간에 잠자리에 드는 게 어렵겠지만, 그래도 일단 시도해 보고 결과가 어떠한지 지켜보길 권한다. 같은 시간에

잠자리에 들면 아침에도 같은 시간에 깨어나는 데 도움이 된다. 그러면 아침마다 피로감 없이 일어나기가 더 쉬워진다. 주말에 외출로 밤늦게까지 깨어 있을 때 당신이 할 수 있는 일은 주말이라도 일찍 일어나고, 필요하다면 두어 시간 낮잠을 자는 것이다.

만일 숙면을 취하기가 어렵다면, 위에서 권한 방법 가운데 몇 가지를 실천해 보라. 내가 할 수 있는 최고의 조언은 당신에게 가장 잘 맞는 방법을 찾아낼 때까지 여러 전략을 지속적으로 시도해보라는 것이다.

Chapter 5

오늘의 감정을 만드는 자세

"우리의 몸은 우리의 마음을 바꾸며,

우리의 마음은 우리의 행동을 바꾸고,

우리의 행동은 우리의 결과를 바꾼다."

에이미 커디, 사회심리학자

몸짓 언어와 자세

몸짓 언어와 자세의 변화로도 당신의 감정을 바꿀 수 있다. 자신감이 넘치거나 행복할 때면 더 건강해지는 것은 물론, 당신의 자아도 더 커진다. 남자들이 매력적인 여성을 만날 때, 등을 곧추세우며 가슴을 펴고 아랫배에 힘을 준다는 걸 알아챈 적이 있는가? 이는 남자들이 자신감과 힘을 보여주고자 무의식적으로 취하는 행동이다. 고릴라들이 가슴을 두드리는 것과 같은 원리이다.

하버드경영대학원의 사회심리학자 에이미 커디(Amy Cuddy)가 실시한 여러 실험 가운데 하나에서는 2분간 '파워 포즈'(power pose, 어깨를 쭉 펴고 허리를 꼿꼿이 세우는 등 자신감 넘치는 포즈)를 취한 실험 참가자의 경우 자신감 넘치고 영향력이 큰 사람과 비슷한 특징들을 보였다. 구체적으로 커디는 이들 참가자에게서 몇 가지 호르몬 변화를 목격했다.

2분간 파워 포즈를 취한 참가자들에게서 나타난 호르몬 변화는 다음과 같았다.

- 테스토스테론(testosterone, 고환에서 분비되는 남성 호르몬) 분비량이 25% 증가하였다.
- 코르티솔(cortisol, 신장의 부신피질에서 분비되는 스트레스 호르몬) 분비량이 10% 감소하였다.
- 운에 맡기는 게임에 참여한 참가자 가운데 86%의 위험 수용도가 증가하였다.

반면 2분간 '로우 포즈'(low pose, 몸을 움크리고 시선을 아래도 떨구는 등 자신감 부족을 나타내는 포즈)를 취한 참가자에게서 나타난 호르몬 변화는 다음과 같다.

- 테스토스테론이 10% 감소하였다.
- 코르티솔이 15% 증가하였다.
- 운에 맡기는 게임에 참여한 참가자 가운데 60%의 위험 수용도가 감소하였다.

위에서 제시한 호르몬 변화에서도 알 수 있듯 당신은 자세나 표정을 바꾸는 것만으로도 실제 감정을 변화시킬 수 있다. 이는 사람들이 말하는, 이른바 '해낼 때까지 해낸 척하라.'라는 말과 같다. 그 예로 웃다 보면 정말로 더 행복해질 수 있다. 반대로 자세를 바꿔 기분에 부정적인 영향을 줄 수도 있고, 심한 경우 우울증에 걸릴 수도 있다.

미국의 작가 데이비드 켄트 레이놀즈(David Kent Reynolds)의 저서 《건설적인 삶(Constructive Living)》에서 저자는 자신의 정체성을 또 다른 자아인 데이비드 켄트(David Kent)로 변화시킨 결과, 자살 충동까지 느낄 만큼 심한 우울증 환자가 되었음을 설명하고 있다. 저자의 목적은 익명의 환자로서 여러 정신과 시설에 입원함으로써 내부에서 시설을 평가하는 것이었다. 그러나 그는 우울증을 시뮬레이션한 것이 아닌, 실제로 우울증에 걸렸었다는 사실에 주목하길 바란다. 그는 다음과 같은 방법으로 우울증에 걸렸다.

"어깨를 구부리고 머리를 떨군 채 구부정한 자세로 계속 의자에 앉아 있으면 우울증에 걸릴 수 있다. 그리고 다음과 같은 말을 되풀이해 보라. '그 누구도 해 줄 수 있는 게 없다. 아무도 도와줄 수 없다. 절망적이다. 나는 무력하다. 나는 이미 포기했다.' 머리를 흔들며 한숨을 쉬고 울어라. 대개 우울한 척하다 보면, 얼마 후 정말 우울한 감정이 생겨난다."

데이비드 켄트 레이놀즈, 《건설적인 삶》

운동의 이점

보스턴대학교 심리학 교수 마이클 오토(Michael Otto)는 다음과 같은 말을 한 바 있다. "기분이 안 좋을 때 운동을 하지 않는 것은 두통에 시달리면서도 아스피린을 일부러 복용하지 않는 것과 같다."

당신은 제2의 자아 '데이비드 켄트'가 진짜 데이비드 켄트 레이놀즈를 되살리려 한다면 무엇부터 해야 할 것이라 생각했는가? 당연히 자세부터 바꿔야 했다. 그런데 만성적인 우울증에 빠져 있을 때는 얘기가 다르다. 이는 말처럼 쉬운 일이 아니다.

물론 데이비드는 누구보다 그 사실을 잘 알고 있었다. 그는 억지로라도 몸을 움직여야 했다. 설령 원치 않더라도 말이다. 그리고 시간을 늘려가며 몸을 활발하게 움직이기 시작하자 기분이 점점 나아지기 시작했다. 그렇게 데이비드는 마침내 평소의 상태를 회복할 수 있었다.

데이비드 켄트의 이야기를 통해 우리는 규칙적인 운동을 하면 신체적인 건강도 챙길 뿐 아니라 기분까지 좋아짐을 알 수 있다. 또한 여러 연구 결과에서도 운동은 경증에서 중증까지의 우울증을 항우울제만큼이나 효과적으로 치유하는 수단임을 알 수 있다.

듀크대학교 임상심리학자 제임스 블루멘탈(James Blumenthal)은 주로 앉아서 지내며 우울증을 앓고 있는 성인을 대상으로 연구를 진행하였다. 그는 관리·감독하에 운동하는 집단, 집에서 운동하는 집단, 항우울제 치료를 받는 집단, 플라시보 알약(placebo pill, 실제는 아무 효과도 없지만 효과 좋은 약처럼 속이고 주는 가짜 약)을 복용하는 집단, 총 네 집단으로 나누었다. 4개월 후 블루멘탈은 운동을 하거나 항우울제를 복용한 집단의 환자의 차도가 가장 높다는 사실을 알게 되었다. 결국 그는 우울증에는 운동이 거의 항우울제만큼이나 효과가 있다는 결론을 내렸다.

그로부터 1년 후 같은 환자들을 추적, 관찰한 결과 블루멘탈은 계속 규칙적인 운동을 하는 사람들이 어쩌다 한 번씩 운동을 하는 사람들에 비해 우울 척도가 낮다는 걸 알게 됐다. 운동은 우울증 치료는 물론 우울증 재발 예방에도 도움이 되는 것으로 보인다. 그러니 감정을 다스리려 한다면 당신의 계획에 운동을 빼놓지 않기를 바란다.

다행히 운동의 이점을 누리고자 하루에 16km씩 달릴 필요까지는 없다. 그저 일주일에 5일 동안 하루에 30분씩 걷기만 해도 놀라운 효과를 볼 수 있다. 의학 전문 저널 〈플로스 메디슨(PLoS Medicine)〉에 게재된 한 연구에 따르면, 일주일에 5일 동안 2시간 30분 정도의 적당한 운동만 해도 수명을 3년 3개월 정도 늘릴 수 있다. 한편 덴마크에서 5,000명을 대상으로 한 연구에서는 규칙적인 운동을 하는 사람들은 자리에 앉아 있기만 하는 사람들에 비해 5~7년 정도를 더 살았다는 언급을 하고 있다.

운동이 당신의 기분에 미치는 영향은 즉각적이며 또 장기적이다. 심리학 교수 마이클 오토에 따르면, 적당한 운동을 하면 대개 5분 이내에 기분이 좋아지는 효과를 맛볼 수 있다. 그리고 이상에서 살펴본 바와 같이 규칙적인 운동을 하면 장기적인 정신 건강에 좋을 뿐 아니라, 우울증에 걸린 경우 항우울제를 복용하는 것만큼의 효과를 지닌다.

그렇다면 당신은 어떠한가? 당신은 신체와 정신 건강을 개선하기 위해 무엇을 할 생각인가?

Chapter 6

사고방식이 감정을 결정한다

"종일 이어지는 당신의 생각이 당신을 만든다."

랄프 왈도 에머슨, 수필가 겸 시인

당신의 생각은 현재의 당신을 규정지으며, 당신의 현실을 만들어 낸다. 그래서 당신이 '원하지 않는' 것보다 당신이 '원하는' 것에 마음을 집중해야 한다. 이에 성공학 전문가 브라이언 트레이시(Brian Tracey)는 다음과 같은 말을 한다. "성공의 비결은 우리의 의식을 우리가 두려워하는 것이 아니라 갈망하는 것에 집중하는 데 있다."

명상의 이점

불교에서는 마음을 종종 원숭이에 빗대는데, 이는 불자의 관점에서 인간의 생각이 나무 사이를 쉼 없이 날뛰는 원숭이와 비슷하다고 여기기 때문이다. 원숭이는 절대 멈출 생각이 없다는 듯 정신없이 움직여 댄다. 명상은 그러한 원숭이를 길들이고, 산만함을 완화하는 데 도움이 된다. 명상을 할 때, 쉴새 없이 당신의 마음속으로 날아드는 생각의 흐름에 눈을 뜨게 된다. 당신은 연습을 통해 그러한 생각과 거리를 두고, 그 생각의 힘과 영향력을 줄이는 법을 배우게 된다. 그리고 그 결과 부정적인 감정을 경험하는 일이 줄어들면서 더 큰 마음의 평화를 누리게 될 것이다.

시각화의 이점

당신은 잠재의식이 실제 경험과 가짜 경험을 명확히 구분하지 못한다는 걸 아는가? 당신은 시각화를 통해 당신이 바라는 경험을 시뮬레이션함으로써 당신의 마음을 속일 수 있다는 의미이다. 시각화가 세밀할수록 당신의 뇌는 그 경험을 실제라 해석하게 된다.

시각화는 감사하는 마음이나 고양감, 또는 기쁨과 같이 긍정적인 감정들을 이끌어 낸다. 이로써 스스로의 마음을 다스려 보다 긍정적인 감정을 경험할 수 있다.

Chapter 7

긍정적인 언어 습관화하기

말이 생각과 행동에 미치는 영향은 상상 이상으로 크다. 그리고 생각과 말, 행동은 모두 연결되어 있어 서로 영향을 주고받는다. 예를 들어 자신감이 부족할 때는 '~해 보겠다(I'll try)', '~하길 바란다(I hope/I wish)' 등의 표현을 사용한다. 역으로 특정한 말을 한다면 자신감이 덜한 것처럼 느껴지기도 한다.

따라서 '~하겠다(I will)' 같은 표현을 쓰면 자신감을 높일 수 있다. 예를 들어 "이달 말까지 프로젝트를 끝내도록 해 보겠다."나 "직종을 바꿀 수 있길 바란다."보다는 "이달 말까지 프로젝트를 끝내겠다." 또는 "직종을 바꾸겠다."라고 단언할 때보다 자신감 있게 느껴지는 것이다.

이상과 같이 자신감을 높이고 싶다면 자신에 대한 회의감을 드러내는 말은 피하고, 자신감을 드러내는 말을 쓰도록 하자.

피해야 할 말들

- ~할 것이다/ ~ 수 있다/ ~해야 한다/ ~일지도 모른다
- ~해 보겠다/ ~하길 바란다
- 아마
- 만일 모든 게 괜찮다면/잘 돌아간다면

대신 써야 할 말들

- ~하겠다
- 반드시
- 틀림없이
- 물론
- 확실히
- 분명히
- 의심할 여지없이
- 문제없이

긍정 확언의 힘

긍정 확언이란 당신의 무의식이 사실로 받아들일 때까지 스스로에게 수시로 되풀이하는 말이다. 긍정 확언을 사용하면 마음을 다스릴 수 있게 되면서 자신감이나 고마움 같은 긍정적인 감정들을 경험할 수 있게 된다.

긍정적인 확언 사용하는 법

- 미래 시제가 아닌 현재 시제를 사용하라('~할 것이다'나 '~일 것이다'가 아니라 '~한다'나 '~이다').
- "나는 부끄럽지 않다."와 같은 부정문형 대신 "나는 자신 있다." 등의 긍정문형을 쓰라.
- 같은 문장을 5분 동안 계속 반복하라.
- 이상의 방법을 적어도 한 달 또는 그 이상 동안 하루도 빼놓지 말고 매일 연습하라.
- 동시에 시각화를 통해 당신의 감정도 가미해 보라.

강력한 긍정 확언의 예

- 나는 자신감 있는 모습이 좋아.
- 나는 누가 뭐라 하든 신경 쓰지 않아.
- 세상에 나보다 잘난 사람도, 못난 사람도 없어.

- 사랑해.(거울 속에 비친 당신 눈을 보면서 "사랑해, 티보."와 같이 스스로를 사랑한다고 말해 보자. 참 어색하지 않은가?)
- 고마워.

✦ 긍정 확언 연습하기

- 매일 5분씩 긍정 확언을 말하라.
- 헌신이나 자신감 또는 확신을 보여주지 못하는 표현을 찾아보라. 이메일을 보내기 전, 내용을 검토하면서 '~해 보겠다', '~해야 한다', '~하길 바란다' 같은 말은 지워 버려라. 그 대신 '~하겠다' 등 확신이 담긴 표현을 사용하라. 그리고 이후 3주 동안 자신감 부족을 드러내는 말을 쓰지 않도록 노력해 보라.

TIP !

세계적으로 유명한 라이프 코치 토니 로빈스(Tony Robbins)는 수십 년간 고객을 만나기 전이나 세미나를 열기 전에 '주문(incantation)'을 왼다고 한다. 이는 자신의 몸과 특정 어구를 함께 사용함으로써 올바른 상태를 유지하고 절대적인 확신에 도달하는 것이다. 당신 또한 자기만의 긍정 확언을 되뇔 때 신체 또한 확신 상태에 진입하도록 하라. 그리고 당신의 말과 신체는 당신의 감정에 영향을 준다는 사실을 잊지 말라.

Chapter 8

올바른 호흡법이 중요한 이유

우리는 음식을 먹지 않고 잠을 못 자도 며칠은 버틸 수 있지만, 공기 없이는 단 몇 분도 버틸 수 없다. 호흡은 자연적으로 이루어지긴 하나, 실상은 대부분 올바른 호흡법을 모른다. 그리고 이러한 사람들은 최대한 많은 에너지를 만들어 내지 못한다. 그러한 사람은 다른 이보다 쉽게 지치며, 이는 기분에도 영향을 미쳐 부정적인 감정들을 경험하게 되는 경우가 더 많다.

올바른 호흡법은 여러 면에서 도움이 된다. 우선 호흡을 천천히 하면 불안감이 줄어든다. 구루카란 싱 칼사(Gurucharan Singh Khalsa)와 요기 바흐얀(Yogi Bahjan)은 저서 《호흡의 산책: 몸, 마음, 정신을 되살리는 호흡법(Breathwalk: Breathing Your Way to a Revitalized Body, Mind and Spirit)》에서 느린 호흡은 다음과 같은 이점들이 있다고 말하고 있다.

- 분당 8회의 호흡 주기: 스트레스가 풀리고 의식이 개선된다.
- 분당 4회의 호흡 주기: 인식이 깊어지고 시야가 명료해지며 신체의 감도가 높아진다.
- 분당 1회의 호흡 주기: 좌뇌와 우뇌의 협력이 극대화되고 불안감, 두려움, 걱정이 급격히 줄어든다.

'불의 호흡'(Breath of Fire, 숨을 소극적으로 들이쉬고 적극적으로 내쉬는 방식의 빠르고 강력한 호흡법) 같은 빠른 호흡법에는 여러 이점이 있지만, 특히 스트레스가 풀리고 머리가 맑아지며 더 큰 에너지를 느끼게 된다. (유튜브에서 'Breath of Fire'를 검색하면 강좌 영상을 시청할 수 있다.)

호흡을 통해 기분을 바꾸는 법을 좀 더 알고 싶다면, 앞에서 소개한 책 또는 그 밖의 다른 호흡법 관련 서적을 참고하라.

Chapter 9

주변의 모든 것을 정리하라

환경 또한 감정에 영향을 미친다. 환경이란 어떤 식으로든 우리에게 영향을 줄 수 있는 주변의 모든 것을 의미한다. 여기에는 당신과 함께 시간을 보내는 사람이거나, 당신이 시청하는 TV 프로그램 또는 당신이 살고 있는 장소일 수도 있다.

예컨대 매사에 부정적인 친척들이 당신의 기분까지 끌어내리거나, 지저분한 책상을 보자마자 의욕이 꺾일 수도 있다. 나는 의욕이 꺾일 때 책상 위를 정리하고, 방 청소를 하거나 컴퓨터 파일을 정리하면 의욕이 되살아나는 경우가 많다.

Chapter 10

음악을 활용한 감정 변화 만들기

우리는 음악이 기분에 영향을 미친다는 사실을 잘 알고 있다. 운동하면서 영화 〈록키(Rocky)〉의 주제곡을 들어 보지 않은 사람이 있을까? 음악을 들으면 다음과 같은 도움을 받을 수 있다.

- 피곤할 때 긴장을 풀어 준다.
- 슬럼프에 빠져 있을 때 의욕을 북돋운다.
- 헬스클럽에서 운동을 할 때 계속 힘을 쓰도록 한다.
- 감사하는 마음을 갖게 한다.

• 긍정적인 기분 상태가 되도록 한다.

일부 연구 결과에서는 밝은 음악을 들으면 기분이 좋아질 수 있음을 보여 준다. 2012년의 한 연구에 따르면 연구 참가자가 2주 동안 12분씩 밝은 노래를 5회 들은 결과, 긍정적인 기분을 유지할 수 있었다. 여기에서 흥미로운 사실은 기분이 나아지도록 자발적으로 노력해 보라는 얘기를 들은 참가자들만 긍정적인 효과를 보았다는 것이다. 그 외 참가자의 경우 그렇지 못했다.

한편 2014년의 또 다른 연구에서는 참가자들이 음악을 들은 뒤 아래와 같이 부정적인 기분은 줄어들고 자존감은 올라갔다고 한다.

> *"구체적으로 음악이 심리학적 측면에 미치는 가장 중요한 영향은 기분과 밀접한 관련이 있는 측면에서 나타날 수 있는데, 특히 우울증과 불안감이 줄어들고 감정 표현 및 의사소통, 대인관계 능력이 향상되며, 자존감과 삶의 질도 높아진다."*

펜실베이니아대학교의 발레리 N. 스트래턴(Valerie N. Stratton) 박사와 아네트 H. 잘라노프스키(Annette H. Zalanowski) 또한 음악이 기분에 미치는 영향에 대해 연구한 바 있다. 두 연구자는 자신이 지도하는 학생에게 2주 동안 음악 일기를 쓰라고 지시했다. 그 결과를 보고 스트래턴 박사는 다음과 같은 결론을 내렸다.

> *"연구에 참여한 학생들은 음악을 들은 뒤 보다 긍정적인 감정을 갖게 되었을 뿐 아니라, 이미 긍정적이던 감정이 음악을 통해 더욱*

강화되었다고 하였다."

위의 결과에서 주목할 만한 점은 음악 장르나 학생들이 음악을 들을 때의 상황은 결과에 별 영향을 주지 않았다는 것이다. 즉 전자가 록이든 클래식이든, 후자의 경우 집에 있거나 운전 중, 또는 아니면 사람들과 어울리는 것과 상관없이 음악을 들은 뒤에는 학생들의 기분이 더 나아졌다는 것이다.

음악을 이용한 마음 다스리기

나아가 각자의 현재 감정 상태에 맞는 음악을 골라 플레이리스트를 완성하여 음악의 힘으로 마음을 다스릴 수도 있다. 플레이리스트를 구성하는 일은 다소 시간이 걸리지만, 그만한 가치가 충분히 있다. 세계 최고 수준의 지구력 달리기 선수이자 코치인 크리스토퍼 버글랜드(Christopher Bergland)는 음악을 이용해 스스로 동기부여를 하고 최선을 다한다. 다음은 〈사이콜로지 투데이(Psychology Today)〉에 게재된 논문에서 그가 한 말이다.

"운동선수인 나는 최고의 성과를 내기 위한 이상적인 마음가짐을 개발했고, 효과가 입증된 노래를 통해 강력한 심리 상태에 도달하기 위해 이를 꾸준히 활용하였다. 또한 훈련 및 경주 도중이나 악천후, 또는 육체적으로 고통스런 상황에서도 음악과 상상력으로 현실과는 별개의 평행 우주(parallel universe, 자신이 살고 있는 우주가 아닌 평행선상에 위치한 또 다른 우주)를 창조했다. 나

는 음악을 이용해 최적의 상태를 유지했고, 더없이 힘든 극한 지구력 경주에 참여하면서도 '반이나 남은 물잔'과 같이 긍정적인 생각을 계속 유지할 수 있었다. 당신 역시 운동을 할 때나 일상생활을 하면서 음악을 유용하게 활용할 수 있을 것이다."

위와 같이 버글랜드는 중요한 인터뷰나 대중 연설을 앞두었을 때 노래를 듣는다고 한다. 나는 개인적으로 감사한 마음이 들게 하는 노래를 즐겨 듣는데, 당신은 어떠한가? 당신은 어떠한 음악으로 당신의 기분을 나아지게 하는가?

✦ 다양한 종류의 음악으로 시험하기

서로 다른 종류의 음악을 스스로에게 들려주고, 각 음악이 당신의 기분을 어떻게 나아지게 하는지 살펴보라. 예를 들어 특정 음악을 이용해 명상이나 운동, 또는 숙제를 하는 데 도움을 받을 수 있을 것이다. 그렇게 마음속에 다음 사항을 잘 기억해 두어라.

- 모든 사람은 다르다. 그러니 인기 있는 노래를 들으려 하지 말라. 그보다는 당신이 원하는 기분으로 바꾸어 줄 노래를 들어라. 각자의 음악 취향은 모두 다르기에 중요한 것은 음악을 들었을 때, 당신이 어떠한 기분을 느꼈냐는 것뿐이다.
- 계속 실험하라. 다양한 종류의 음악을 듣고 당신의 감정이 변화하는 양상을 살펴보라. 그 음악이 영감을 주는가? 아니면 동기부여나 행복감을 주는가? 이에 당신이 경험하고 싶은 기분에 맞는 플레이리스트를 작성해 보라.

워크북 PART 2 '감정의 흐름을 만드는 것들'에 제시된 내용을 통해 당신의 감정 조절을 도울 새로운 전략을 만들어 보라.

PART 3

인생을 바꾸는 감정 조절의 기술

"마음은 늘 지금의 순간을 부정하려 하며, 그 순간에서 도망치려 한다. 다시 말해 당신이 마음과 스스로를 동일시할수록 더 많은 고통을 겪게 된다. 아니면 다음과 같이 말할 수도 있겠다. 현재를 존중하고 있는 그대로 받아들일수록 당신은 고통과 이기심에서 자유로워질 것이다."

에크하르트 톨레, 《지금 이 순간을 살아라》

3부에서는 부정적인 감정을 다루는 방법, 그리고 이를 통해 긍정적인 감정을 경험하는 방법을 소개한다.

우선 감정의 형성 원리부터 가장 먼저 살펴보도록 하겠다. 그다음 긍정적인 생각의 이점과 마음을 다스릴 때, 감정의 활용 방법에 대해 설명한다. 또한 감정을 조절하는 데 긍정적인 생각만으론 충분치 않은지, 또 부정적인 감정을 다루기 위해 할 수 있는 일에는 어떠한 것이 있는가를 논의하고자 한다. 구체적으로 다음과 같은 것들을 배우게 될 것이다.

- 당신의 감정을 내려놓는 법
- 당신의 이야기를 힘이 되는 스토리로 바꾸는 법
- 당신의 마음을 다스리는 법
- 부정적인 감정을 줄이기 위해 당신의 환경을 바꾸는 법

마지막으로 부정적인 감정을 보다 잘 다루기 위해 활용할 수 있는 단기 전략과 장기 전략을 소개할 것이다. 그렇다면 이제부터 본론으로 들어가도록 하겠다.

Chapter 11

감정의 형성 과정 돌아보기

"어떤 생각이 마음의 화폭 위에 떠오를 때 그 생각을 버리지 않고 그대로 따른다면, 그건 욕망 또는 감정의 형태를 띠게 될 것이다."

옴 스와미, 《백만 가지 생각》

감정의 형성 과정을 아는 사람은 거의 없다. 우리는 하루에도 여러 감정을 경험한다. 그럼에도 굳이 시간을 내어 우리가 감정을 느끼는 이유는 무엇인지, 그리고 감정이 어떻게 생겨나는지를 알아보려 하지는 않는다.

먼저 두 유형의 부정적인 감정을 구분하도록 하자. 첫째 유형은 당신이 자연스럽게 경험하는 감정이다. 이는 우리의 선조가 날카로운 이빨을 지닌 호랑이를 맞닥뜨렸을 때 느낀 두려움과 같이 우리의 생존과 연관된 감정이다.

둘째 유형은 당신 스스로 생각과 동일시함으로써 마음속에 생겨나는 감정이다. 이들 감정은 외부의 사건으로 생겨나기도 하지만, 그렇지 않은 경우도 있다. 그리고 이 유형의 감정은 대개 첫째 유형의 감정보다 더 오래 지속된다. 해당 유형에 속하는 감정의 작동 방식은 다음과 같다.

어떠한 생각이 무작위로 떠오른다. 당신은 자신을 그 생각과 동일시한다. 이에 따라 감정 반응이 생겨난다. 그리고 스스로를 계속 그 생각과 동일시함으로써 관련된 감정이 점점 더 강해지면서 핵심 감정(core emotion. 생존을 위해 타고난 감정인 두려움, 기쁨, 슬픔, 혐오감, 분노, 흥분감, 성적 흥분)이 된다. 이에 대한 예는 다음과 같다.

- 돈 문제를 안고 있을 때, 돈과 관련된 생각을 할 때마다 스스로를 돈 문제와 동일시하면서 돈에 대한 걱정이 점점 더 커진다.
- 친구와 싸움을 해 사이가 틀어졌을 때, 마음속에 자꾸 그 친구와 싸우던 순간이 떠오른다. 그렇게 몇 달이 지났지만, 당신은 여전히 그 친구와 화해하지 못하고 있다.
- 직장에서 저지른 실수로 창피함을 느낀 이후에도 실수했던 그 순간을 계속 떠올린다. 결국 스스로 무능하다는 생각이 점점 더 강해진다.

스스로를 계속 부정적인 생각과 동일시하다 보면 부정적인 생각이 점점 더 강해진다. 위와 같이 돈 문제에 집중할수록 돈과 관련된 생각들이 떠오를 가능성이 더 커진다. 또한 친구와 싸웠던 순간을 자꾸 떠올릴수록 친구에 대한 분노가 점점 더 커지게 된다. 마찬가지로 당신이 직장에서 한 실수를 계속 생각한다면 수치심 속에서 상황만 악화된다. 결론적으로 부정적인 생각에 존재할 여지를 주면 그 생각이 계속 커지면서 주된 관심사가 되어 버린다.

결국 동일시라는 단순한 과정으로 여러 생각이 당신의 마음을 지배하게 된다. 따라서 당신 스스로 생각과의 동일시 및 해석의 방식에 따라 삶이 괴로워질 수도 있다는 것이다. 물론 여기에서는 해석이 중요한 이야기이지만 말이다.

그렇다면 이제부터 당신의 감정이 형성되는 과정을 좀 더 자세히 살펴보도록 하자. 이 과정을 통해 당신은 부정적인 감정을 보다 능숙하게 다루며, 동시에 긍정적인 감정을 더욱 키울 수 있을 것이다. 감정이 형성되는 과정을 공식화하면 다음과 같다.

해석 + 동일시 + 반복 = 강한 감정

- **해석**: 개인적인 스토리를 토대로 특정한 사건이나 생각을 해석하는 것
- **동일시**: 마음속에 떠오르는 특정한 생각과 동일하게 여기는 것
- **반복**: 같은 생각을 되풀이하는 것
- **강한 감정**: 특정한 감정을 경험한 횟수가 너무 많아 정체성의 일부가 되어버리는 것. 이때 관련된 사건이나 생각을 경험할 때마다 그에 해당하는 감정을 느끼게 된다.

결국 감정은 '해석', '동일시', '반복'이라는 세 가지 요소에 따라 형성된다. 반대로 이들 요소 가운데 하나라도 사라진다면, 그 감정은 당신에 대한 지배력을 잃기 시작한다.

간단하게 말하자면 감정의 지배력이 점점 더 강해지고, 지속 기간 또한 길어지려면 먼저 특정 사건이나 생각을 나름대로 해석해야 한다. 그다

음 그 생각이 떠오를 때, 스스로와 동일시한다. 마지막으로 같은 생각을 계속 반복하면서 스스로와 동일시해야 한다.

지금부터는 위에서 살펴본 바를 개별적인 차원에서 상세하게 살펴보도록 하겠다.

해석

부정적인 감정은 어떠한 사건을 항상 나름대로 해석할 때 생겨난다. 서로 다른 두 사람이 같은 일을 놓고 다른 반응을 보이는 것도 바로 이 때문이다. 한 사람은 그 일로 크나큰 충격을 받는 반면, 다른 사람은 어떠한 영향도 받지 않을 수 있다는 것이다.

예컨대 하늘에서 내리는 비가 농부에게는 축복일 수 있겠지만, 소풍을 가려 했던 이에겐 저주처럼 느껴질 수도 있다. 이는 비에 대하여 저마다 다른 의미를 부여했기 때문이다. 간단히 말하자면 부정적인 감정이 생겨나기 위해서는 특정한 사건을 나름대로 해석해야 한다. 즉 당신의 동의 없이 사건 자체만으로 부정적인 감정이 생겨날 수 없는 것이다.

그렇다면 부정적인 감정을 계속 경험하는 이유는 무엇일까? 이는 바로 현실이 기대에 부응하지 못하기 때문이라고 본다.

- 당신은 현실이 일정한 방향으로 나아가길 바람에도 정작 다른 방향으로 틀어지고 있다.
- 당신은 소풍을 갈 수 있도록 날씨가 맑기를 바랐지만, 바람과는 달리 비가 내린다.

- 당신은 직장에서 승진하기를 바라지만, 현실은 그렇지 못하고 있다.
- 당신은 부업으로 돈을 벌기를 바라지만, 실제는 그렇지 못하고 있다.

위와 같이 현실에 대한 당신의 해석으로 삶이 괴로워지기 시작한다. 현실은 그 자체로 절대 괴로울 수가 없다. 이러한 사실은 매번 반복하더라도 그 중요성은 퇴색되지 않는다.

동일시

감정이 형성되는 과정을 나타내는 공식 가운데 두 번째 요소인 동일시에 대해 좀 더 깊이 알아보기로 하겠다.

감정이 오래 지속되려면 동일시를 거쳐야 한다. 당신이 관심을 주지 않는 한 감정은 계속 살아남을 수 없다. 그러나 감정에 깊은 관심을 보일수록, 즉 스스로를 감정과 동일시할수록 그 감정은 점점 더 강해진다.

사람들은 종종 스스로를 감정과 동일시하려는 충동에 휩싸이다가 결국 그 감정에서 벗어나지 못한다. 이는 당신의 감정이 곧 당신 자신은 아니라는 중요한 사실을 깨닫지 못하기 때문이다. 이와 같이 감정은 생겨났다가 사라진다.

그러니 당신이 슬프다고 말한다면, 이는 사실이 아님을 기억하라. 누구도 슬프지 않다. 당신의 감정은 당신이 아니기 때문이다. 그 감정은 얼핏 당신처럼 보이지만, 하늘에 떠 있는 구름처럼 곧 사라진다. 스스로를 태양이라고 생각하자. 그리고 태양은 당신의 인지 여부와 관계없이, 즉 구름에 가려 보지 못하더라도 늘 그곳에 그대로 있으니까 말이다.

재차 언급하지만, 당신의 감정은 당신 자체가 아니다. 당신이 슬픈 게 아니다. 당신은 그저 특정한 시점에 '슬픔'의 감정을 경험할 뿐이다. 이는 매우 중요하므로 당신 역시 그 차이를 알 수 있기를 바란다.

그리고 당신의 감정을 바라보는 또 다른 방법은 감정을 옷과 같이 여기는 것이다. 당신은 현재 어떠한 감정을 입고 있는가? 고양감인가, 아니면 우울인가, 슬픔인가? 어떠한 옷을 입더라도 내일, 아니, 지금부터 일주일 후면 당신은 분명 다른 옷을 입고 있을 것임을 잊지 말았으면 한다.

당신이 옷을 얼마나 오래 입고 다니는가는 당신이 그 옷을 얼마나 좋아하느냐에 따라 달려 있다. 이는 곧 자신의 감정에 대한 집착을 나타내는데, 감정 그 자체에는 힘이 없다. 다만 당신의 의식이나 무의식에서 스스로를 감정과 동일시하면서 감정이 힘을 얻는 것이다. 그러다 결국 관심을 받지 못하는 감정이 사라지는 것은 바로 이 때문이다. 그러면 다음 연습을 해 보도록 하자.

분노가 치밀 때마다 관심을 온전히 기울여야 하는 활동에 참여하여 바쁘게 지내 보자. 그러면 분노가 곧 사그라듦을 확인하게 될 것이다. 그리고 이와 반대로 분노에 계속 매달리면 그것이 점점 커지면서 당신을 지배하는 주요 감정이 될 것이다.

반복

이상을 통해 우리는 사건이나 생각을 어떻게 해석하느냐에 따라 감정 또한 달라짐을 발견하였다. 또한 우리는 스스로를 어떠한 생각이나 감정과 동일시하면 그것들이 주된 감정이 된다는 사실도 알았다. 만일 이러한 과정을 계속 반복한다면, 당신은 마음을 능숙하게 다스림으로써 긍정적이든 부정적이든 특정한 유형의 감정을 경험하게 될 것이다.

그 예로 당신의 친구가 당신에게 저질렀거나, 그러했다고 믿는 안 좋은 행동에 계속 관심을 쏟는다면 분노가 점점 커질 것이다. 그렇게 몇 달을 넘도록 그 친구에게 지속적으로 앙심을 품을 수도 있다. 실제로 여러 사람들이 종종 그런 일을 겪는다. 그저 내려놓을 수 없다는 이유만으로 별 도움도 되지 않는 부정적인 감정에 매달려 시간만 낭비한다.

그와는 대조적으로 당신이 분노에서 벗어나 제3자의 입장에서 스스로를 관찰한다고 생각해 보자. 그러면 시간이 지나면서 그 감정은 힘을 잃고, 결국 분노에 관한 감정까지 사라질 것이다. 실제로 분노가 일자마자 바로 그에 대한 생각을 내려놓는다면 분노 또한 바로 사라지게 될 것이다.

실천하기

1. 워크북 Chapter 5 '감정의 형성 과정 돌아보기'의 내용을 바탕으로 과거에서 비롯된 부정적인 감정에 저항해 보라.

2. 당신이 마지막으로 분노나 슬픔, 좌절, 두려움 또는 우울을 느낀 때를 떠올려 보라. 그리고 다음 단계에서 일어난 일을 적어라.

- **해석**: 어떤 일이 있었으며, 그때 어떤 생각이 들었는가?
- **동일시**: 그 생각에 어떻게 반응했는가?
- **반복**: 스스로를 그 생각과 반복적으로 동일시하였는가?

✦
✧
✦

Chapter 12

삶의 태도는 해석 방식에 따라 달라진다

"도축장을 보면 당신은 부정적인 감정이 생기겠지만, 사업주에게는 긍정적인 감정이 생길 것이다. 그리고 기계 담당자에게는 당연한 일이라는 감정이 생길 것이다. 결국 모든 게 당신이 처한 상황에 달린 것이다."

옴 스와미, 《백만 가지 생각》

사건이나 생각 자체에는 당신의 감정 상태를 바꿀 힘이 없다. 감정은 당신이 그 일이나 생각을 어떻게 해석하느냐에 따라 생겨난다. 같은 상황이라도 사람마다 서로 다른 반응을 보이는 것도 바로 그 때문이다. 어떤 이는 문제의 원인을 외부의 상황으로 돌리지만, 다른 사람은 그 문제를 그대로 받아들여 좋은 기회로 삼는다. 즉 누군가는 제자리걸음을 하고, 다른 누군가는 성장하는 것이다.

특정 사건이나 생각에 대한 당신의 해석 방식은 삶에 대한 당신의 일반적인 추정과 깊은 연관이 있다. 따라서 우리는 먼저 당신의 해석 방식 기저에 있는 추정을 상세히 살필 필요가 있다.

내면의 추정 살펴보기

특정 감정 상태에 진입하기 위해 당신은 세상을 나름대로 추정한다. 그리고 그 추정에 따라 당신의 주관적인 현실이 만들어진다. 또한 당신은 스스로의 추측이 옳다고 확신하기에 어떤 의문도 제기하지 않는다. 당신이 마음속에 지니고 있는 추정의 예는 다음과 같다.

- 문제는 반드시 피해야 한다.
- 이것은 문제다.
- 나는 분명 건강할 것이다.
- 나는 적어도 70세까지는 살 것이다.
- 나는 결혼을 해야 한다.
- 불평은 정상적인 행동이다.
- 과거에 매달리는 것이 잘못은 아니다.
- 나는 미래에 대한 걱정이 필요해 보인다.
- 나는 지금 가진 것/원하는 것 없이는 행복해질 수 없다.

위에서 제시한 추정의 사례를 개별적으로 살펴보도록 하겠다. 그 내용은 다음과 같다.

문제는 반드시 피해야 한다

사람이라면 누구나 자신에게 닥친 문제를 해결하고 싶어 한다. 하지만 만약 그럴 수 없다면 어떨까? 그리고 그럴 필요가 없다면 어떻겠는가? 분명 누군가는 다른 이보다 해결하기 '더 쉬운' 문제들을 안고 있더라도, 결국은 모든 사람들이 문제를 안고 있음은 변하지 않는다.

그럼에도 당신에게 어떤 문제도 존재하면 안 된다는 추정이 잘못되었다면 어떻게 하겠는가? 또한 당신이 만일 빗속에서 춤추는 법을 배우듯 어려움 속에서 행복을 찾아 나갈 줄 알며, 당신의 문제를 최대한 활용해야 한다면 어떻겠는가? 그리고 문제가 사실은 극복해야 할 도전이자 삶의 일부라면 어떤가?

이것은 문제다

만일 당신이 문제라고 생각했던 것이 사실은 문제가 아니며, 그 문제가 당신의 생각만큼 중요하지 않다면 어떻겠는가? 또한 우리가 떠안은 문제가 문제의 탈을 쓴 기회라면 어떨까? 이에 우리는 어떻게 하면 문제를 기회로 만들 수 있을까?

나는 분명 건강할 것이다

우리는 건강을 당연하게 여기는 경향이 있다. 그러나 누구도 내일 아프지 않으리라고 장담할 수는 없다. 그러니 당신의 건강이 당연지사가 아니라 축복이라면 어떻겠는가? 그러면 건강을 다르게 생각하게 되지 않을까?

나는 적어도 70세까지는 살 것이다

당신은 장수할 수 있으리라 생각하겠지만, 만일 그렇지 않다면 어떨까. 장수는 어쩌면 당연시할 일이 아니라 축복이 아닐까? 안타깝게도 젊은 나이에 세상을 떠나는 사람도 있지만, 이는 자연의 섭리이다. 사람들은 이를 두고 "그는 너무 젊은 나이에 죽었어."라고 말하지만, 과연 그 말이 맞는 것일까? 오히려 "그는 죽었어."라는 말이 더 정확하지 않을까? 너무 어리지도, 늙지도 않았는데 말이다.

나는 결혼을 해야 한다

그럴 수도, 그렇지 않을 수도 있다. 그저 당신의 해석일 뿐이다. '~해야 한다'로 끝나는 말에는 대개 사회나 당신의 부모가 당신에게 바라는 일이 담겨 있는데, 이는 의무가 아닐 수도 있다. 그러한 일은 문화적 규범이거나 조건부 행동인 경우가 많다.

불평은 정상적인 행동이다

불평은 대부분 이기적이며, 건설적이지 못하다. 당신에게 도움도 되지 않을뿐더러 어떤 것도 변화시키지 못한다. 불평이 늘어갈수록 당신의 자아만 비대하게 만들 뿐 주변 사람만 불편하게 만들 뿐이다. 그러니 일주일만 불평을 멈추고, 그 결과를 한번 지켜보자.

과거에 매달리는 것이 잘못은 아니다

당신은 과거에 매달려 너무나 많은 시간을 허비하고 있을지도 모른다. 물론 모든 이들이 그렇다. 그런데 과거는 당신 마음속에만 존재한다. 그리고 과거에 매달린들 이미 지나 버린 일을 바꿀 수는 없다. 과거를 통해 배운다면 몰라도 과거에 매달리는 것은 전혀 도움이 되지 않는다.

나는 미래에 대한 걱정이 필요해 보인다

미래에 대한 걱정은 어느 정도 불가피한 일이다. 그러나 앞날을 걱정해 봐야 아무 도움도 안 된다. 그보다는 차라리 미래의 문제를 피할 수 있도록 지금 할 수 있는 일에 최선을 다하는 것이 낫다.

나는 지금 가진 것/원하는 것 없이는 행복해질 수 없다

완벽한 삶이 반드시 행복을 가져다주는 것은 아니다. 당신이 매일 하는 선택이 곧 행복이다. 앞에서도 계속 언급한 바와 같이 외부 요인은 당신의 행복에 큰 영향을 주지는 못한다. 따라서 스스로 행복을 위한 선택을 연습해야 한다.

지금까지 소개한 추정의 사례는 당신의 마음속에 존재할 수 있는 것들의 일부에 지나지 않는다. 당신의 해석과 그 결과로 생겨나는 감정은 대개 세상에 대한 추정에서 비롯된다. 따라서 긍정적인 감정을 경험하기 위해서는 시간을 들여 당신의 추정을 바꾸는 것이 필요하다.

추정 해석하기

앞에서 살펴본 바와 같이 당신은 마음속에 담긴 추정을 토대로 여러 사건을 해석한다. 다음은 이 책에서 소개한 '해석'을 올바르게 이해하는 데 도움이 될 질문이다.

- 모든 일에 이유가 있다고 생각하며 그대로 받아들이는가?
- 스스로를 피해자로 간주하며 불평불만을 늘어놓는가?

- 일시적인 좌절을 성공으로 이끄는 이정표라고 믿는가?
- 처음으로 큰 좌절과 맞닥뜨릴 때 그냥 포기하는가?

- 변화시킬 수 없는 것을 변화시키려 하는가?
- 변화시킬 수 없는 것을 그저 받아들이는가?

- 스스로 존재의 이유가 있기에 이 세상에 왔다고 믿는가?
- 분명한 목적도 없이 그저 살아갈 뿐인가?

- 문제는 피해야 하는 나쁜 것이라 믿는가?
- 문제를 삶에 필요한 부분이라고 믿는가?

이상의 내용을 통해 행복하게 사는 사람과 비참하게 사는 사람의 차이는 결국 스스로의 삶을 어떻게 해석하느냐에서 비롯된다는 점을 잊지 말라.

실천하기

워크북 Chapter 6 '삶의 태도는 해석 방식에 따라 달라진다'에서 당신의 감정을 나름대로 해석하여 적어 보라.

다음에 당신의 해석을 적어 보라.

- 당신이 현재 겪고 있는 감정적인 문제 한두 가지를 적으라. (스스로에게 '만일 내가 감정을 없앨 수 있다면, 어떤 감정을 없애야 내 삶에 가장 긍정적인 영향을 줄 수 있을까?'라 물어라.)
- 해당 문제에 대한 당신의 해석은 무엇인가? (스스로에게 '내 스토리나 해석이 옳다고 믿으려면 무엇이 필요한가?'라 물어라.)
- 해당 문제를 다루는 데 도움이 될 당신의 새로운 해석은 무엇인가? (스스로에게 '부정적인 감정을 경험하지 않으려면 무엇을 믿어야 하는가?'라고 질문하라.)

Chapter 13

나를 괴롭히는 감정 내려놓기

"감정은 감정일 뿐이다. 감정은 당신이 아니며, 감정은 사실도 아니니, 당신은 그 감정을 내려놓을 수 있다."

헤일 드워스킨, 《세도나 메서드》

이전에 언급한 바와 같이 해석과 동일시, 반복을 통해 강력한 감정들이 생겨나기도 한다. 이에 따라 이 장에서는 우리가 원하는 삶에 방해가 되는 감정을 내려놓는 방법을 제시할 것이다.

e-motion('감정'을 뜻하는 영어 단어 emotion을 e-motion 형태로 바꾼 것)은 'energy in motion', 즉 '움직이는 에너지' 정도의 뜻인데, 당신이 그 에너지의 움직임을 막아버린다면 어떻게 될까? 그러면 에너지가 쌓이고 만다. 이와 같이 감정을 억누르는 것은 결국 에너지의 자연스러운 순환을

방해한다.

안타깝게도 누구도 당신에게 감정을 다루는 방법을 가르쳐 주지 않았다. 심지어 긍정적, 부정적 감정 모두 자연스러운 현상이라는 사실도 배운 적이 없다. 그러나 사람들은 당신에게 부정적인 감정은 나쁜 것이므로 억눌러야 한다고 가르쳐 왔다.

그 결과 당신은 여러 해 동안 감정을 억눌러 왔을 것이다. 이에 따라 당신은 그 감정을 잠재의식에 더 깊이 침잠시킴으로써 정체성을 일부러 고착화하도록 만들고 있다. 그리고 그 감정은 당신조차 인식하지 못하는 감정 패턴을 형성한다.

그 예로 자신이 기대만큼 잘하지 못하다고 느끼거나, 수시로 죄책감을 경험하게 되는 것이다. 이는 결국 오랫동안 감정을 억누르면서 깊이 뿌리내린 신념으로 벌어진 현상이다.

사람들은 대부분 너무 많은 감정의 응어리를 품고 있다. 따라서 그 감정을 내려놓는 법을 배울 필요가 있다. 우리는 스스로의 잠재의식을 정리하여 삶을 온전히 즐기지 못하게 방해하는 부정적인 감정을 없애야 한다.

사실 잠재의식은 삶을 제대로 다룰 수 있게 설정되어 있다. 당신의 잠재의식은 수없이 많은 일을 한다. 특히 호흡뿐 아니라 심장이 쉬지 않도록 계속 뛰게 하며, 체온도 적절히 조절한다. 즉 잠재의식의 기능을 위해 굳이 새로운 믿음을 따로 추가할 필요가 없다는 것이다. 또한 감정을 '쌓을' 필요도 없다.

많은 이들과 같이 당신 또한 대부분의 시간을 머릿속에서 보낸다. 이는 대개 스스로의 감정과 담을 쌓고 지내는 결과를 부르기도 한다. 일단 감정을 내려놓으려면 가장 먼저 스스로의 감정을 인식하는 것이 중요하다. 그리고 이를 위해 자신의 몸과 감정 상태가 잘 맞닿아야 한다.

감정을 내려놓는 데 당신이 할 수 있는 몇 가지 간단한 조치를 소개하고자 한다. 그 내용은 다음과 같다.

거리를 두고 감정 관찰하기

부정적인 감정을 경험할 때마다 최대한 거리를 두고 그 감정을 관찰하라. 이 방법은 바로 당신의 몸과 감정을 맞닿게 하는 것이다. 당신의 마음속에 떠오르는 생각이나 이미지는 감정 그 자체가 아니며, 그 생각이나 이미지에 대한 당신의 해석일 뿐이라는 걸 알아야 한다. 그러니 그 느낌이 어떠한지 느끼는 연습을 하라. 그리고 감정이 어디 있는지를 찾아내도록 하라. 또한 당신이 타인에게 스스로의 감정을 설명하는 방식을 생각해 보라. 그리고 다음 내용을 명심하라.

- 특정한 감정과 관련된 스토리에 몰두하지 말라.
- 당신이 그 감정을 경험할 때 떠오르는 생각이나 이미지도 믿지 말라.

감정에 이름 붙이기

감정은 일시적인 경험, 또는 잠시 걸치게 되는 옷에 지나지 않음을 명심하라. 감정은 절대로 '당신'이 아니다.

어떠한 감정을 경험할 때 당신은 "화가 나네.", "슬퍼." 또는 "우울해."라는 방식으로 말을 한다. 이를 통해 스스로를 감정과 어떻게 동일시하는지 보라. 사실 그 말은 틀린 것이나 다름없다. 당신이 경험하는 감정은 본래의 당신과 아무런 관계가 없다. 만일 우울한 감정이 당신이라면, 당신은 매 순간마다 우울할 것이다. 하지만 다행히도 실상은 그렇지 않다.

당신이 슬픈 감정을 느끼고 있다고 가정해 보자. 그렇다면 "슬퍼."라고 하는 것보다는 "슬픈 감정이야." 또는 "슬픈 감정을 경험 중이야."라고 말하는 것이 더 정확하다.

앞에서 제시한 말과 "슬퍼."와의 차이를 알겠는가? 앞선 방식의 말을 통해 당신은 스스로의 감정과 거리를 둘 수 있게 된다. 당신이 감정에 대해 알수록 감정을 식별하고, 거리를 두는 것뿐 아니라 결과적으로 감정을 내려놓는 것 또한 더 쉬워진다.

감정 놓아주기

당신은 너무나 자주, 심각하게 스스로를 감정과 동일시한다. 또한 다음과 같은 이유로 감정에 집착하기도 한다.

- 당신의 감정은 스스로에게 들려주는 스토리의 일부이다. 당신은 때론 힘을 주기는커녕 맥빠지게 만드는 스토리에 집착한다. 그렇다. 당신은 스스로에게 전혀 도움이 되지 않음을 알면서도 부정적인 스토리에 집착한다.
- 당신은 감정을 '당신' 자신이라 믿고 스스로를 그 감정과 동일시하려는 욕구를 강하게 느낀다. 따라서 그것을 자신의 감정이라 믿으며 함정에 빠지기도 한다. 그 결과 스스로를 그 감정과 동일시하게 되며, 그로 인해 괴로워하게 된다.

실제 사례

나는 스스로 부족하다는 느낌이 자주 들었다. 그렇기에 더욱 열심히 노력해야 한다고 믿었다. 그리고 그 믿음에 따라 아침부터 밤까지 죽어라 노력해도 지키지 못할 하루 계획을 세우기도 했다. 그렇게 목표에 도달하지 못하는 경우가 늘면서 그 믿음만 더 키우는 꼴이 되어 버렸다.

시간이 지나고 그 믿음은 결국 내가 만들어 낸 스토리에 불과하다는 사실을 깨닫게 되면서 그것들을 내려놓기 시작했다. 그 후 나는 예전과 거의 비슷할 정도로 많은 일을 해내고 있음에도, 전처럼 고군분투하거나 스트레스를 받을 필요가 없다는 것을 알게 되었다. 물론 나는 여전히 같은 문제로 애쓰고 있기는 하지만, 그 과정은 나에게 크나큰 가치를 지닌다.

다만 그 과정에서 정말로 힘들었던 점은 나의 스토리에 대한 집착에서 벗어나기 위해 다음과 같은 것들을 내려놓는 일이었다.

- 부족하기 때문에 더 노력해야 한다는 믿음
- 타인보다 더 열심히 노력하는 데서 오는 자부심
- 열심히 노력하면서도 원하는 결과를 얻지 못함에서 오는 피해의식
- 스스로를 다소 '특별하게' 여기는 생각
- 세상이 변할 필요가 있다는 생각
- 행동의 결과를 통제해야 할 필요성

당신도 알다시피 핵심적인 감정을 내려놓는 일은 결코 쉽지 않다. 핵심적인 감정은 우리 정체성의 일부로 굳어지기 때문이다. 따라서 우리는 종종 핵심 감정을 통해 뒤틀린 기쁨을 얻는다. 그리고 그러한 감정이 없다면 우리는 나중에 대체 어떤 사람이 될까를 걱정하며 불안함을 느낀다.

감정 내려놓기의 5단계

헤일 드워스킨(Hale Dwoskin)은 저서 《세도나 메서드(The Sedona Method)》를 통해 감정이 생겨날 때, 그 감정을 내려놓는 방법 세 가지를 제시한 바 있다. 이에 대한 구체적인 내용은 아래와 같다.

- **감정을 놓아주어라.** 부정적인 감정을 경험할 때, 그 감정을 의식적으로 억누르거나 붙잡는 대신 놓아주기를 선택할 수 있다.
- **감정이 머무르도록 허용하라.** 감정에 매달리지 않고도 그 존재를 인정함으로써 감정이 내면에 머물기를 허용할 수 있다.

- **감정을 받아들여라.** 감정을 받아들이고 좀 더 가까이 지켜봄으로써 그 감정의 핵심이 무엇인지를 발견할 수 있다.

드워스킨에 따르면 어떠한 경우라도 가장 먼저 감정이 생겨나기 시작할 때를 알아차려야 한다. 그다음 그는 감정을 놓아주는 5단계 과정을 소개한다. 다음이 그 과정이다.

1단계

지금부터 다루어야 할 특정 감정에만 관심을 집중하여 기분을 나아지게 한다. 그 감정이 꼭 '대단해야' 할 필요는 없다. 어떠한 일을 맡고 싶지 않다거나, 무언가에 대한 짜증 같은 단순한 감정이어도 좋다.

2단계

스스로에게 다음에 제시된 질문 가운데 하나를 던져 보자.

- 이 감정을 놓아주어도 괜찮을까?
- 이 감정이 머무는 걸 허락해도 괜찮을까?
- 이 감정을 받아들여도 괜찮을까?

위에 제시된 질문 가운데 당신이 선택한 것에 대답해 보자.

3단계

스스로에게 '~할까?'로 끝나는 질문을 던져 보자.

- 이 감정을 놓아줄까?
- 이 감정을 머무르도록 허락할까?
- 이 감정을 받아들일까?

각 질문에 '예/아니오'로 대답하되, 스스로에게 솔직해지자. 위에 제시된 세 질문 중 하나라도 '아니오'로 답할 수 있다면 감정을 내려놓는 데 도움이 될 것이다.

4단계

스스로에게 '언제?'라고 물어보라. 그 질문에 대한 당신의 답은 '지금'이 되어야 할 것이다. 그렇다면 그 감정을 당장 내려놓아라.

5단계

특정한 감정이 사라질 때까지 이 과정을 여러 차례 반복하라.

당신은 위의 방법이 너무 단순하고 비효율적인 방법이라며 무시하고 싶을 것이다. 하지만 그렇게 생각하지 말고 직접 시도해 보자. 그리고 당신의 감정이 당신 스스로가 아니라는 사실을 기억하기 바란다.

이상으로 감정을 내려놓는 연습을 하다 보면 위의 방법이 효과적임을 깨닫게 될 것이다. 의도적으로 감정을 놓아주는 선택을 하면서 스스로의 감정을 온전히 맞이하고, 감정이 내면에 머물도록 허용하다 보면 감정이 작용하는 방식과 감정을 내려놓는 방법을 터득하게 될 것이다.

감정을 내려놓는 연습을 해 보자. 워크북 Chapter 7 '나를 괴롭히는 감정 내려놓기'에 제시된 연습문제를 직접 해결해 보라.

당신이 내려놓고 싶은 감정을 모두 목록화하라. 당신은 스스로 모자란 것이 많다고 느끼거나 미루는 버릇 때문에 죄책감과 수치심을 경험하고 있을 수도 있다. 또는 과거에 저지른 일로 자책하거나 미래를 걱정하는 중일 수도 있다. 그러한 일을 생각나는 대로 모두 적어 보라. 그리고 이 장에서 제시한 5단계 과정을 실행해 보라.

먼저 당신의 내면을 떠도는 감정 하나를 선택한 뒤, 스스로에게 다음과 같이 물어보라.

- 이 감정을 내려놓아도 괜찮을까?
- 그러면 이 감정을 내려놓을까? (예/아니오)
- 언제 내려놓을까? (지금)

처음에 제대로 하지 못하더라도 걱정하지 말자. 앞으로도 연습할 기회는 얼마든지 있을 것이다.

Chapter 14

생각과 감정이 미래를 바꾸는 이유

"타인이나 사건에 대한 생각은 그저 생각일 뿐임을 깨닫도록 하라. 타인이나 사건에 대한 생각이 당신의 감정을 만든다. 그러니 감정을 바꾸고 싶다면 생각하는 방식부터 바꾸도록 하라."

버논 하워드, 《슈퍼마인드의 힘》

앞에서 우리는 감정이 형성되는 과정과 부정적인 감정을 내려놓는 방법을 살펴보았다. 이 장에서는 마음을 다스림으로써 긍정적인 감정을 경험하고, 그 감정을 강화하는 방법에 대해 알아보도록 하겠다.

당신의 오랜 생각이 당신을 만든다

수천 년 동안 영적 지도자들은 '생각대로 된다.'라는 주장을 이어왔다. 대표적으로 석가모니는 "우리는 생각한 대로의 사람이 된다."라 하였다. 수필가이자 시인인 랄프 왈도 에머슨(Ralph Waldo Emerson) 또한 "하루 종일 하는 생각이 당신을 만든다."라 말한 한편, 마하트마 간디는 "인간은 순전히 자기 생각의 결과물일 뿐이다."라 말한 바 있다. 이와 관련하여 《위대한 생각의 힘(As a Man Thinketh)》의 저자인 제임스 앨런(James Allen)은 다음과 같이 말했다.

> *"사람이 생각을 근본적으로 바꿀 때, 스스로의 삶을 둘러싼 물질적 환경의 급격한 변화에 놀라게 된다. 사람들은 으레 생각을 비밀로 묻어둘 수 있다고 생각하지만, 이는 불가능하다. 생각은 빠르게 습관으로 굳어지고, 습관은 다시 환경으로 고착화한다."*

감정을 절제하려면 우선 감정의 형성 과정에서 생각이 하는 역할을 이해해야 한다. 감정은 당신의 생각을 토대로 생겨나며, 감정은 다시 더 많은 생각을 만들어 낸다. 그다음 생각과 감정은 서로 공생 관계를 형성한다.

가령 당신이 늘 부족하다는 생각을 한다면, 수치심이나 죄책감 같은 부정적인 감정이 생겨날 것이다. 또는 일을 기대만큼 해내지 못해 수치심을 느낄 때, 그 감정에 따라 부정적인 생각을 더 많이 양산한다. 결국 당신은 뭐든 잘하지 못하거나, 또는 그렇다는 믿음에 매달리면서 과거에 경험한 실패의 기억에 갇히게 된다. 이는 당신의 잘못된 믿음만 더 키울 뿐이다.

생각은 감정을 낳고, 그 감정은 다시 당신의 행동을 지배한다. 만약 당신이 승진할 자격이 없다고 느낀다면, 승진 요청도 하지 않을 것이다. 아니면 상대방이 자신에게 너무 과분한 상대라고 믿는다면 데이트 신청조차 하지 못할 것이다.

단순하게 말하면 위의 내용이 바로 생각의 작동 방식이다. 생각에서 감정이 생겨나고, 그 감정이 당신의 행동을 지배하여 당신의 현실을 결정한다. 단기적으로는 이 모든 것이 눈에 크게 띄지 않을 수도 있다. 그러나 장기적인 관점에서 보면 결국 당신의 생각이 스스로의 삶에 지대한 영향을 미치고 있음을 깨닫을 것이다.

생각과 감정이 당신의 미래를 결정한다

인간에게는 다른 생명체가 갖지 못한 힘이 있다. 그 힘은 바로 상상력이다. 우리는 사고를 활용하여 상상을 현실화하고, 보이지 않는 것을 보이게 할 수도 있다.

그러나 생각은 그 자체만으로 사물이나 상황을 현실로 불러들일 수 없다. 이를 가능케 하려면 생각에 열정이나 고양감 또는 행복이라는 이름의 에너지를 공급해야 한다. 따라서 동기도 없는 비관적인 사람보다 열정적인 사람이 꿈을 더 잘 이루어 낸다.

또한 성공하는 사람들은 긍정적인 기대 속에 끊임없이 스스로 원하는 것에 전념한다. 반대로 그렇지 못하는 사람들은 원치 않거나 갖지 못한 것에만 집착한다. 이러한 유형에 속하는 사람은 돈이나 재능, 시간 등 목표 달성에 필요한 여러 자원이 자신에게 없음을 두려워한다. 그렇게 비관

주의자는 스스로 달성할 수 있는 수준에도 한참 미치지 못할 정도의 극히 부진한 성과만 낸다.

마음속에 긍정적인 생각 비축하기

자신감이 넘치는 사람은 마음속에 긍정적인 생각을 날마다 비축한다. 이러한 사람은 작은 승리에도 축하하며, 귀하게 여긴다. 또한 그들은 언제나 좋은 일이 일어나기를 기대한다.

반면 자신감이 없는 사람들은 늘 힘 빠지게 하는 생각으로 스스로의 마음을 괴롭힌다. 그들은 자신의 성취를 대수롭지 않은 것으로 치부한다. 또한 스스로의 장점은 고사하고, 자신의 행동 뒤에 숨은 긍정적인 의도 또한 눈치채지 못한다. 그뿐 아니라 스스로 존중받을 자격조차 없다고 느낀다.

자신감 넘치는 사람과 그렇지 않은 사람 모두 스스로의 생각을 통해 현실을 왜곡한다. 그중 당신은 어느 쪽이 낫다고 생각하는가? 마음속에 긍정적인 생각들을 비축하는 사람인가, 아니면 부정적인 생각에 매달리는 사람인가?

그렇다면 긍정적인 생각이 모든 걱정을 해결해 주고, 부정적인 감정 역시 모두 사라지게 해 줄까? 물론 그렇지는 않다. 결국 생각을 조절하는 것은 감정을 다루는 데 활용할 수 있는 여러 수단 가운데 하나일 뿐이다.

긍정적인 생각의 한계

하루 종일 마음속으로 행복하다는 말을 반복한다고 생불이 되지는 않는다. 그 행동이 어딘가에 도움은 되겠지만, 결과적으로 부정적인 감정을 겪을 것임은 다르지 않다. 부정적인 감정을 처리하는 방법을 모르면, 자신이 만들어 낸 스토리에 희생당할 것이다. 이는 결국 당신이 실패하는 이유이자 당신을 지치게 만드는 스토리를 되풀이하는 이유이기도 하다.

흥미롭게도 사람들은 종종 자신의 스토리, 특히 부정적인 스토리에 중독된다. 그리고 '왜?'라는 질문을 내려놓지 못한다. 이는 사람들이 다음과 같이 믿고 있기 때문이다.

- 나에게는 근본적인 결함이 있다.
- 나는 스스로를 지치게 하는 생각 때문에 결코 행복해질 수 없다.
- 나는 사랑받을 자격이 없다.
- 나는 절대 성공하지 못할 것이다.
- 나는 절대 결혼하지 못할 것이다. 등등…

장담하건대 당신 또한 어느 스토리에 빠져 있을 것이다. 그러면 먼저 당신의 마음을 다스리고, 그러함으로써 보다 긍정적인 감정을 느낄 방법을 알아보자. 이제부터 부정적인 감정을 처리하는 방법을 제시하도록 하겠다.

경험하고 싶은 감정(들) 선택하기

마음을 잘 다스리고 싶다면 먼저 당신이 더 빈번하게 느끼고 싶은 감정이 무엇인지를 알아야 한다. 더 행복해지고 싶다거나, 더 큰 동기부여를 원하거나, 더 적극적인 성격을 바라는 것 말이다. 그다음에는 당신이 선택한 감정을 경험하도록 도와줄 프로그램을 실천해야 한다. 그리고 마지막으로 매일 그 감정을 느끼는 연습이 반드시 필요하다.

같은 감정을 반복적으로 느끼다 보면 그 감정을 느끼는 일이 점점 더 쉬워진다. 신경과학 분야에서는 같은 생각이나 감정을 반복적으로 느끼면 그 감정과 관련된 뇌의 신경 경로가 활성화된다고 말한다. 이를 통해 그 생각이나 감정을 더 쉽게 느낄 수 있다.

요컨대 특정한 감정을 더 많이 느낄수록 그 감정이 더 쉽게 생겨난다는 것이다. 날마다 마음을 다스리는 연습을 한다면 효과도 그만큼 나타난다. 당신의 마음을 다스림으로써 긍정적인 감정을 경험하기 위해 다음과 같이 앞서 소개한 공식을 사용해도 좋다.

해석 + 동일시 + 반복 = 강한 감정

위의 공식을 활용하는 법은 다음과 같다.

- **해석**: 특정한 사건을 시각화하거나 긍정적이라고 여기는 생각을 떠올린다.
- **동일시**: 원하는 방식에 따라 감정을 느끼면서 특정한 사건 또는 생각과 자신을 동일시한다. 이 과정에서는 긍정 확언이나 시각화 등을 활용할 수 있다.

- **반복**: 같은 생각을 되풀이하면서 자신을 그 생각과 동일시한다. 이를 통해 당신의 마음은 생각과 관련된 감정에 보다 쉽게 접근할 수 있다.

당신이 느끼고 싶어 하는 감정에 근거하여 활용할 수 있는 연습 사례를 다음과 같이 다섯 가지 정도로 살펴볼 수 있다.

1. 감사

감사의 마음을 더 자주 느끼고 싶다면 매일 감사하는 습관을 들이면 된다. 매일 아침 감사할 일에 집중하는 연습을 하다 보면 매사 긍정적인 면에 더 주목하게 될 것이다.

그러나 사람들은 대부분 그렇지 못하다. 그렇기에 우리는 감사하는 마음을 가질 수 있도록 더욱 노력해야 한다. 이와 관련하여 지금은 고인이 된 미국 기업가 겸 작가 짐 론(Jim Rohn)은 "우리의 지성에도 교육이 필요하듯, 감정 또한 마찬가지이다."라고 말했다.

감사하는 마음을 기르기 위해 당신이 활용할 수 있는 활동의 사례는 다음과 같다.

A. 감사할 일 기록하기

펜과 종이 한 장 또는 꾸준히 쓸 노트를 준비한다. 그리고 당신이 감사할 일을 적어도 세 가지는 적는다. 그러다 보면 매사 긍정적인 면에 집중하는 데 도움이 될 것이다.

B. 살면서 만나는 모든 사람에게 감사하기

눈을 감고 그간 당신이 만난 사람들을 생각해 보라. 각자의 모습을 떠올리면서 그 사람들이 당신에게 호의를 적어도 하나는 베풀었음을 인정하고, 그들에게 감사하라.

설령 당신이 좋아하지 않는 사람의 모습이 떠오르더라도, 그들에게도 감사를 표하며 그 사람들이 당신에게 베푼 호의를 찾아보자. 그 과정에서 당신의 마음이 점점 더 강해지면서 여러 교훈을 깨닫게 될 것이다.

또한 스스로의 생각을 통제하려 하지 말고, 자연스럽게 당신이 아는 사람들의 얼굴이 머릿속에 떠오르도록 하라. 물론 과거나 현재에 느끼는 적개심은 배제하고 말이다.

C. 한 물건에 관심을 쏟으며 그 존재에 감사하기

먼저 방 안에 있는 물건 중 하나를 고른다. 그리고 그 물건을 만들어 당신에게 전달하는 과정에 관여한 많은 사람들과 그들의 노력을 생각해 보라.

예를 들어 의자를 선택했다면, 의자를 만드는 데 필요한 모든 절차를 떠올려 보자. 의자를 디자인하는 사람, 원자재를 가공하는 사람, 의자를 조립하는 사람이 있었을 것이다. 또한 의자를 매장까지 배송할 트럭 기사, 의자를 진열하고 홍보하는 매장 직원도 있지 않은가. 그뿐 아니라 그 의자를 고른 당신이나 어느 누군가, 그리고 매장까지 당신이 타고 간 자동차 역시 타인이 만든 것이고 말이다.

이제 당신이 그 의자에서 어떤 이득을 얻었는가를 생각하자. 너무 피곤해 한시라도 빨리 자리에 앉고 싶었던 순간은 어떤가? 마침내 의자에 앉을 수 있었을 때 기분이 참 좋지 않았는가? 그 의자 덕에 당신은 편히 앉을 수 있을 뿐 아니라 컴퓨터를 사용할 수도 있고, 글을 쓰거나 읽을 수도 있다. 또한 커피 한 잔의 여유를 즐길 수 있으며, 친구와 함께 기분 좋은 대화를 나눌 수도 있다.

D. 감사의 노래나 감사 명상을 듣기

감사 명상은 유튜브에서 '감사 명상' 또는 'Gratitude meditation'이라 검색하여 찾아보기를 바란다.

2. 기대감

당신은 때때로 기대감을 느끼지 못할 것이다. 이는 오랫동안 반복되는 일상에 갇혀 계속 쳇바퀴를 돌리는 듯한 기분 때문이다. 더 큰 기대감을 위해 아침마다 잠시 시간을 내어 당신이 원하는 것을 모두 머릿속에 시각화하며 기대감을 느껴 보라. 기대감을 느끼는 데 도움이 되는 일들은 다음과 같다. 해당 활동은 주기적인 연습이 필요하니 명심하기 바란다.

A. 원하는 것 기록하기

펜과 종이 한 장을 준비한다. 종이의 상단에 '내가 원하는 것들'이라 적고, 당신에게 기대감을 불어넣는 것을 모두 적는다.

B. 원하는 것 시각화하기

먼저 스스로에게 진정으로 원하는 것이 무엇인지를 묻는다. 그리고 당신이 원하는 것들을 모두 시각화한다. 여기에서는 명료함이 곧 힘이므로 가능한 한 구체적으로 떠올려라. 당신의 이상적인 직업과 인간관계,

생활 방식 또는 앞으로 10년 동안에서 그 이후까지 성취하고픈 목표를 생각해 보자.

C. 목표/꿈 일기 쓰기

노트 한 권을 준비하여 당신의 인생 목표를 분야별로 기록하자. 매일 아침 그 목표들을 상기하면서 노트에 당신의 열정을 키울 사진이나 그림 등을 추가하라.

D. 이상적인 하루를 머릿속에 생생히 그려 보기

다음과 같이 당신의 이상적인 하루를 여러 가지로 꿈꿔 볼 수도 있다. 다만 어떤 방식이든 기대감을 한껏 느낄 수 있어야 한다.

- 아침 식사로 무엇을 먹을 것인가?
- 하루를 어떻게 보낼 것인가?
- 하루를 누구와 보낼 것인가?
- 저녁에는 무엇을 할 것인가?
- 어디에 살 것인가?
- 어떤 감정을 느낄 것인가?

3. 자신감/확신

목표 달성을 위해 자신감을 기르고 싶다면, 그 목표를 달성한 스스로의 모습부터 시각화해 보자. 그리고 이를 통해 나타나는 감정을 기분 좋게 느끼자. 또한 확신을 기르는 연습을 하고, 마음속 비전을 실현하는 데 전념하자. 그러면 목표를 시각화할 때마다 목표 달성에 필요한 에너지가 생길 것이다. 이에 목표를 언제나 틀림없이 달성할 수 있을 것이라고 확신하자.

4. 자부심

그동안 이룬 성취를 기록하며 자부심을 길러라. 물론 당신에게는 잘하는 일도 많지만, 대개 잘못하는 일만 기억할 것이다. 이러한 상황에서는 당연히 자부심을 갖기 어렵다. 차라리 노트를 한 권 준비하여 매일 이룬 성취를 적는 것이 좋다. 노트에 기록할 성취의 예는 다음과 같다.

- 제시간에 일어났다.
- 과일을 먹었다.
- 책상을 정리했다.
- 프로젝트 하나를 완료했다.
- 운동을 했다.
- 아침 일과를 빠짐없이 지켰다.
- 책을 읽었다.

위에 제시된 바와 같이 꼭 대단한 성취를 적을 필요는 없다. 사소한 성취를 기록함으로써 스스로의 마음을 다스리면서 더 많은 승리를 기대할 수 있게 된다. 이 과정이 계속된다면 자부심도 커질 것이다.

5. 결단력

결단력 있는 행동을 연습하면 생산성이 높아지며, 이에 따라 누릴 수 있는 행복의 크기 또한 더 커진다. 반면 어떠한 일을 미루다 보면 감정적으로 여러 괴로움이 생겨날 수 있다.

결단력과 관련하여 미국 작가 멜 로빈스(Mel Robbins)의 저서 《5초의 법칙(5 Second Rule)》에서는 책의 제목과 동명의 지침인 '5초의 법칙'을 제시한다. 해당 법칙을 통해 결단력 있는 행동을 연습하는 것도 좋은 방법이다.

《5초의 법칙》에서는 생산성 향상과 성공 등 원하는 것을 모두 손에 넣기 위해 필요한 원칙은 단 하나뿐이라고 주장한다. 이는 곧 어떠한 일이라도 당신의 의향과는 상관없이 해내야 한다는 것이다. 특히 원치 않는 일을 해낼 수 있다면 당신은 그간 원하던 것을 모두 손에 넣을 수 있을 것이다.

멜 로빈스의 '5초의 법칙'에 따르면 어떠한 생각이 떠오른 순간부터 행동에 옮기는 순간까지 걸리는 시간이 5초 안에 끝나야 한다. 만일 5초 이내에 실천하지 못한다면, 그와 관련된 생각은 폐기해야 한다. 우리의 마음은 본래 두려움이나 피로감을 유발하는 일은 피하려 들기 때문이다. 당신이 5초 이내에 실천할 일의 사례는 다음과 같다.

• 행사에서 대화를 원하는 사람에게 자기소개하기

• 중요한 이메일 보내기

• 회의 중에 질문하기

✦ 결단력 높이기

'5초의 법칙'은 다음과 같은 사소한 수준부터 연습을 시작할 수 있다.

• 미루고 있는 일을 모두 적어 보라. 설거지, 청소 또는 전화나 메일 발송을 미루고 있을 수도 있겠다. 그러한 일을 모두 적어 보라.

• 적어 놓은 일 가운데 5초의 법칙을 적용할 일을 두세 가지 선택하라. 적어도 일주일 동안은 5초의 법칙을 적용해 보라. 설거지나 전화 외에도 당신이 선택했던 일이 생각난다면 당장 5부터 0까지 세면서 0을 말하기 전까지 행동에 옮겨라.

피해야 할 실수

긍정적인 감정을 느끼기 위해 마음을 다스리는 과정에서 다음과 같은 실수를 저지르지 않도록 주의하라.

- **한꺼번에 너무 많은 변화를 시도하지 말라.** 한 달에 한두 가지 연습에 주력하든지, 한 달이 지난 뒤 다른 연습을 시도하는 것이 좋다.
- **너무 거창한 변화는 시도하지 말라.** 소소한 변화로 시작하여 연습이 힘들지 않도록 해야 한다. 당신의 감정을 조절하는 과정은 단거리 경주가 아니라 마라톤과 같은 장기적인 게임임을 명심해야 한다.

워크북 Chapter 8 '생각과 감정이 미래를 바꾸는 이유'를 참조하여 더 많이 경험하고 싶은 감정을 선택해 보라.

Chapter 15

스스로 질문하고 행동하기

"감정은 행동을 수반하는 것처럼 보이지만, 사실 행동과 감정은 함께한다. 그리고 더욱 직접적으로 의지의 통제를 받는 행동을 제어함으로써 그렇지 않은 감정을 간접적으로 제어할 수 있다."

윌리엄 제임스, 철학자 겸 심리학자

앞서 우리는 신체와 정신, 언어를 활용하여 감정을 바꾸는 방법을 확인하였다. 그리고 어떠한 사건이나 생각에 대한 해석의 전환을 통해 감정 상태를 바꾸는 방법에 대해서도 이해하였다.

아쉽게도 부정적인 감정이 갑자기 생겨나거나 너무 강할 때는 자세 바꾸기나 긍정 확언만으로 충분치 않을 수도 있다. 그렇기에 부정적인 감정을 보다 긍정적인 감정으로 바꾸려는 시도는 실패로 끝나기도 한다.

그리고 단순히 기운을 차리려 애쓴다고 우울증을 극복할 수 있는 것은 아니다. 마찬가지로 그저 '기분이 좋아지려' 노력한다고 해서 비통함을 상쇄시킬 수는 없다. 또한 '나는 행복합니다.' 같은 말을 염불 외듯 반복하는 행복의 자기암시만으로 깊은 슬픔이 사라지길 기대할 수도 없다.

그러나 당신은 행동의 전환을 통해 감정을 바꿀 수 있다. 행동이 바뀌면 감정도 그에 따라 변한다는 것이다. 또한 가벼운 분노쯤은 일에 몰두하다 보면 바로 잊어버리듯, 그러한 변화는 거의 즉각적으로 일어나기도 한다. 그러나 비통함이나 우울증과 같이 깊게 뿌리내린 감정의 경우 변화가 일어나기까지 최소 몇 주, 심지어 몇 달이 걸릴 수도 있다.

감정을 바꾸고 싶다면, 부정적인 감정을 느낄 때마다 스스로에게 다음 질문을 해 보자.

- 왜 이런 감정이 생겨나는 걸까?
- 지금 상황에서 내가 무엇을 할 수 있을까?

질문이 끝났다면 감정을 바꾸기 위해 할 수 있는 구체적인 행동을 알아보자. 본래 감정은 시간이 지나면 저절로 사라짐을 명심하자. 이는 당신이 마음속으로 계속 같은 상황을 재현함으로써 특정 감정을 강화하지 않음을 전제로 한다. 이에 지금까지의 모든 과정을 잘 이해하는 데 도움이 될 네 가지 사례를 다음에 제시하였다.

사례 1

당신이 애인에게 실연을 당한 뒤 슬픔에 잠겨 과거의 추억을 떠올릴수록 이별의 아픔을 극복하는 시간도 길어질 것이다. 슬픔 속에 과거를 계속 생각하는 것은 문제가 아니다. 그러나 슬픔에서 벗어나 앞으로 나아가고자 한다면 더 이상 결별 전의 추억을 떠올리지 않는 것이 상책이다. 즉 이 사례에서는 슬픈 감정을 바꾸기 위해 할 수 있는 행동은 최선을 다해 예전의 기억을 더는 떠올리지 않도록 하는 것이다.

사례 2

직장에서 다가오는 프레젠테이션 시간 때문에 계속 긴장된다면, 몇 시간이고 계속해서 예행연습을 하는 것도 방법이다. 부담감은 여전하겠지만, 발표 내용에 익숙해지면서 프레젠테이션을 성공적으로 마무리할 것이다. 또한 이러한 가능성을 더 높일 수 있도록 동료나 친구 앞에서 연습할 수도 있겠다.

사례 3

친구가 한 말이나 행동 때문에 몇 주 동안 화가 나 있다면, 그 친구와의 진솔한 대화를 통해 당신이 느낀 바를 전해야 한다. 그러면 상황이 나아지면서 오해도 풀려 분노가 더는 쌓이지 않을 것이다. 우리는 때때로 상황을 오해하면서 실재하지도 않는 것을 보기도 한다.

사례 4

가끔 슬프거나, 또는 화가 나거나 우울한데 어떻게 해야 할지 모를 때가 있다. 이럴 때는 그러한 감정에 더 이상 휘말리지 말고 그 감정을 내려놓는 것이 최선이다. 그리고 부정적인 감정이 모두 사라질 때까지 할 일을 묵묵히 하며 스스로의 삶에 충실해야 한다. 여기에서 부정적인 감정이 생겨날 때, 평소에 그 감정을 놓아주는 연습이 필요함을 명심하기 바란다. 그렇게 부정적인 감정과 거리를 두는 법을 익혀 둔다면, 특정 감정이 자라나면서 당신을 옭아매지 못하도록 하는 데 도움이 될 것이다.

워크북 Chapter 9 '스스로 질문하고 행동하기'와 관련하여 생활 속에서 접할 수 있는 사례를 바탕으로 행동의 전환을 통해 감정 상태를 바꾸는 연습을 해 보자.

- 최근 이틀 이상 부정적인 감정을 지속적으로 느낀 때를 기억해 보라.
- 부정적인 감정을 극복하기 위해 당신이 한 일을 구체적으로 생각해 보라.
- 스스로에게 "그 당시 무엇으로 행동을 바꿔서 감정을 긍정적으로 전환할 수 있었을까?"라고 질문해 보라.

Chapter 16

주변 환경 및 습관이 미치는 영향

감정을 항상 자력만으로 통제하기는 어렵다. 사랑하는 사람과의 결별이나 질병 등 여러 일들이 부정적인 감정을 일으키기도 하니 말이다. 그러나 우리는 다른 영역에서만큼은 유효한 통제력을 지니고 있다. 그렇다면 마음의 평화를 어지럽히는 일상적인 상황과 관련하여 스스로 할 수 있는 일이 있다면 어떨까?

때로는 부정적인 감정을 덜 느끼려면 가장 먼저 그러한 감정이 생겨나는 상황을 피해야 한다. TV에서 안 좋은 장면을 너무 많이 본 나머지 마음이 어두워지는 상황도 있을 것이다. 아니면 페이스북(Facebook)에 올라오는 친구들의 행복한 모습과 자신을 비교하며 패배감을 느낄 수도 있겠다. 그러니 그러한 상황에 처하지 않도록 TV나 페이스북 보는 시간을 줄이는 것은 어떻겠는가?

실제 사례

나는 페이스북을 보면 스스로가 불행해 보이며, 심지어 실패한 인생처럼 느껴지기도 했다. 나와 같은 분야에 종사하는 사람들은 모두 잘나가고 있었고, 친구들은 너무 행복해 보였다. 내 눈에만 그렇게 보였을 수도 있겠지만 말이다. 그뿐 아니라 나는 뉴스피드를 보느라 아무 생각 없이 몇 시간씩 화면을 내리고 있었다. 이에 따른 감정 소모를 극복하기 위해서 나는 페이스북 보는 시간을 과감히 줄였다. 그러한 결정을 내리고 나니 기분이 한결 좋아졌다.

위에 제시된 실제 사례는 작은 변화로도 더 행복해질 수 있음을 보여준다. 당신이 매일 하는 일을 유심히 관찰해 보면, 당신의 행복에 도움이 되지 않는 활동이나 행동을 발견하게 될 것이다. 그 활동 가운데 한두 가지만 그만두거나, 행동의 일부만 바꾸어도 기분이 눈에 띄게 나아질 것이다.

당신은 행복을 위해 해야 할 일이 무엇인지 알고 있다. 그러나 이를 위해 일상에서 하면 안 되는 행동이 있다는 사실은 모를 수도 있다. 이와 관련하여 당신의 행복을 가로막는 행동의 예를 아래에 제시하였다. 이들 행동이 당신의 전반적인 행복감에 도움을 주고 있는지를 생각해 보자.

- **TV 시청**: TV 시청은 재미있기는 하지만, 당신의 행복에 별 도움이 되지 않는 수동적인 활동이기도 하다.
- **소셜 미디어를 보며 시간 보내기**: 소셜 미디어는 아주 편리하며, 그 덕에 친구들과의 관계를 계속 이어갈 수 있다. 그러나 소셜 미디어에는 중독성이 있다. 페이스북이나 트위터(Twitter, 현 X)를 이용하다 보면 타인의 인정을 받는 일에 중독될 수도 있다.
- **부정적인 사람과 어울리기**: 당신이 어울리는 사람은 곧 당신의 감정에 큰 영향을 준다. 긍정적인 사람들은 당신의 의욕을 높이면서 불가능해 보이는 꿈도 성취할 수 있도록 도와준다. 그러나 부정적인 사람들은 당신의 에너지를 고갈시키며 당신의 의욕을 꺾고, 당신의 잠재력까지 파괴한다. 이에 미국 기업가 겸 작가 짐 론은 "가장 많은 시간을 함께하는 사람 다섯 명의 평균치가 바로 당신이다."라 말한 바 있다. 그러니 반드시 좋은 사람들과 어울리도록 하라.
- **불만을 늘어놓으며 부정적인 면에 집중하기**: 당신은 언제나 부정적인 면부터 보는가? 아니면 과거에 집착하는가? 만일 그렇다면, 그것이 당신의 행복감에 어떠한 영향을 미치는가?
- **시작한 일을 끝내지 않기**: 개인적으로나 직업적으로 산재해 있는 각종 과업과 프로젝트를 끝내지 않고 방치할수록 부정적인 감정에 빠지기도 한다. 또한 비즈니스를 끝내지 않고 내버려 둔다면 마음이 어수선해진다. 어찌할 바를 모르겠다거나 의욕이 없다면, 당신의 삶에 '오픈 루프'(open loop, '끝내지 못한 것' 정도의 의미)가 너무 많다는 징후일 수도 있다. 프로젝트를 계속 미루다 끝내지 못한다거나, 대화를 나누어야 할 사람을 피하는 것 등이 바로 오픈 루프의 좋은 예이다.

위의 사례는 일부에 불과하다. 당신은 어떠한가? 당신의 행복을 가로막는 행동은 무엇인가?

워크북 Chapter 10 '주변 환경 및 습관이 미치는 영향'을 참조하여 당신에게 보다 큰 힘을 실어주는 환경을 만들어 보라.

무료 워크북을 이용하거나, 펜과 종이를 준비하여 당신의 감정에 부정적인 영향을 준다고 여기는 활동을 적어 보라. 그다음 각 활동과 관련한 결과를 적어 보라. (예: 죄책감이 들게 한다, 의욕을 꺾는다, 자존감을 무너뜨린다 등등)

✦
✧
✦

Chapter 17

부정적인 감정에서 빠져나와라

"그 어떤 생명체도 자신이 살고 있는 지구를 훼손하고 오염시키지 않듯, 지구상에서 인간 이외의 생명체도 부정적인 감정을 알지 못한다. 불행한 꽃이나 스트레스를 받는 떡갈나무를 본 적 있는가? 우울증에 걸린 돌고래나 자존감에 문제가 있는 개구리, 편히 쉬지 못하는 고양이, 아니면 증오심과 적개심을 가진 새를 본 적은 있는가? 종종 부정적인 감정을 경험하며, 신경증적 행동의 징후를 보이는 동물은 인간과 밀접한 관계가 있거나, 인간의 마음 및 광기와 연관된 것뿐이다."

에크하르트 톨레, 《지금 이 순간을 살아라》

이 장에서는 부정적인 감정을 관리하는 데 도움이 될 만한 방법을 소개하고자 한다. 스스로의 마음을 잘 통제하고 있더라도, 앞으로 가벼운 좌절감에서 우울증에 이르기까지 여러 부정적인 감정을 경험하지 않으리라는 보장은 없으니까 말이다. 따라서 평소부터 그러한 감정에 대비하는 것이 좋다.

지금부터 부정적인 감정들을 다루는 데 도움을 줄 해결책을 제시하도록 하겠다. 해결책은 크게 단기적인 것과 장기적인 것으로 나뉜다.

단기 해결책

단기 해결책은 부정적인 감정이 생겨날 때 그러한 감정을 관리하는 데 도움이 될 것이다. 아래에 소개한 방법을 직접 시도해 보고, 당신에게 잘 맞는 것을 찾아보자.

A. 감정 전환하기

- **관심을 다른 곳으로 돌려라.** 감정은 당신이 허용하는 선까지만 강력하다. 그러니 부정적인 감정을 느낄 때 그에 집중하지 말고 바로 몸을 움직여라. 화가 난다면 당신이 해야 할 일을 하라. 온종일 관심을 기울여야 하는 일이면 더 좋다.
- **감정 패턴을 깨라.** 바보 같거나 특이한 행동으로 감정 패턴을 깨는 것도 좋다. 그 예로 고함을 지르거나 바보 같은 춤을 추거나 이상한 목소리로 말하는 것 등이 있다.
- **몸을 움직여라.** 자리에서 일어나 산책이나 팔굽혀펴기, 또는 춤을 추거나 자신감 넘치는 자세를 취하라.
- **음악을 들어라.** 좋아하는 음악을 듣다 보면 감정이 바뀌기도 한다.
- **큰 소리로 말하라.** 권위 있고 큰 목소리로 스스로와 대화하듯 격려의 말을 해 보자. 이는 당신의 말소리를 통해 감정을 바꾸는 작업이다.

B. 실천하기

- **바로 행동에 옮겨라.** 스스로의 감정과는 별개로 해야 할 일을 바로 하자. 성인이라면 자신의 의향과 상관없이 스스로 해야 할 일은 한다.
- **감정 상태를 바꾸기 위해 뭐라도 하라.** 행동은 감정을 간접적으로 변화시킨다. 이에 스스로에게 '현재의 감정 상태를 바꾸기 위해 오늘 무엇을 할 수 있을까?'라 질문해 보자. 그리고 바로 행동하라.

C. 감정 인식하기

- **기록하라.** 펜과 종이를 준비하여 당신의 걱정거리와 그 이유, 그리고 해결 방안을 최대한 구체적으로 기록하라.
- **그간 일어난 일을 적어라.** 먼저 부정적인 감정이 일어난 계기부터 적고, 이에 대한 당신의 해석이나 스토리를 사실 그대로 기록하라. 그리고 스스로에게 삶이라는 거대한 틀 안에서 그 일이 정말 그렇게 큰일인가를 물어라.
- **대화하라.** 친구와 대화하라. 당신이 현재 상황을 실제보다 더 과장하면서 과민하게 반응할 수도 있다. 때때로 당신에게는 그저 다른 사람의 의견이 필요할 때도 있다.
- **스스로에게 긍정적이었던 시절을 떠올려라.** 그러면 당시의 감정 상태로 되돌아가 새로운 관점을 취할 수 있다. 이때 스스로에게 다음과 같은 질문을 던져 보자. '그때 기분이 어땠지?', '당시에 나는 무슨 생각을 했었지?', '당시에 내 인생관은 어땠지?'
- **감정을 내려놓아라.** 스스로에게 지금의 감정을 내려놓을 수 있는가를 물어라. 그 후에는 그 감정을 놓아주자.
- **스스로의 감정을 있는 그대로 인정하라.** 더 이상 자신의 감정에 저항하거나, 그 감정을 바꾸려 하지 말라. 감정을 있는 그대로 인정해라.

- 당신의 감정을 포용하라. 당신의 감정을 있는 그대로 받아들이고, 그 감정을 최대한 면밀하게 살펴보자. 그리고 최선을 다해 그 감정과 거리를 두자. 그리고 그 감정에 호기심을 가져라. 그 감정의 핵심은 정확히 무엇인가?

D. 긴장 완화하기

- 휴식을 취하라. 낮잠을 자거나 휴식을 취하라. 심신이 피로할 때는 제대로 쉬었을 때보다 부정적인 감정을 경험할 가능성이 더 높다.
- 심호흡을 하라. 천천히 호흡을 하며 긴장을 풀어라. 호흡 방식은 감정 상태에 영향을 미친다. 다양한 호흡법을 활용해 마음을 가라앉히거나 더 많은 에너지를 받아들여라.
- 긴장을 풀어라. 잠시 시간을 내어 근육을 풀어라. 턱 근육부터 시작하여 눈 주변과 얼굴 근육을 풀어라. 몸은 감정에 영향을 미친다. 몸의 긴장을 풀면 마음의 긴장도 풀린다.
- 당신의 문제에 감사를 표하라. 문제에 고마워하라. 문제는 모두 그만한 이유가 있기에 생기는 법이며, 어떤 면에서는 당신에게 도움이 될 수도 있다.

장기적인 해결책

다음에 소개한 방법을 활용하면 장기적으로 부정적인 감정을 관리하는 데 도움이 될 것이다.

A. 부정적인 감정 분석하기

- 당신의 감정에 숨은 스토리를 찾아라. 펜과 종이를 준비하여 당신이 경험한 감정을 갖게 된 계기와 이유를 적어 보라. 당신은 어떤 추정을 하고 있으며, 당신에게 벌어진 일을 어떻게 해석했는가? 그리고 당신의 스토리를 내려놓을 수 있는지도 생각해 보자.
- 당신의 감정을 일기로 표현하라. 매일 잠시라도 시간을 내어 당신이 느낀 바를 적어 보자. 그 과정에서 반복되는 감정의 패턴을 찾고, 이를 극복할 수 있도록 긍정 확언이나 시각화를 활용하라. 또는 이들과 관련된 연습도 좋은 방법이다.
- 마음챙김 명상을 하라. 하룻동안 당신의 감정을 관찰하기 위해서는 명상이 도움이 될 것이다. 또 다른 방법은 현재에 충실하며 특정 활동에 몰입하는 것이다. 앞선 방법을 통해 당신의 마음속 움직임을 관찰해 보자.

B. 부정적인 감정에서 벗어나기

- 환경을 바꾸어라. 만일 당신이 부정적인 감정에 둘러싸여 있다면 일단 환경부터 바꾸어 보라. 다른 곳에 가거나 부정적인 친구와 보내는 시간을 줄이는 것부터 시작하라.
- 비생산적인 활동을 중단하라. 당신의 삶에 별 긍정적인 영향을 주지 못하는 활동에 낭비하는 시간을 없애거나 줄여라. TV 시청 또는 웹 서핑에 쏟는 시간이 그 좋은 예이다.

C. 마음 다스리기

- **일상적인 습관을 만들어라.** 그러면 보다 긍정적인 감정을 경험하는 데 도움이 될 것이다. 예컨대 매일 명상 또는 운동을 하거나, 긍정 확언 반복하기 또는 감사 일기를 쓰기 등이 있다. 당신의 마음속에 긍정적인 생각을 축적할 수 있는 가장 좋은 시간은 잠자리에 들기 직전과 아침 첫 활동을 시작할 때이다.
- **운동을 하라.** 규칙적으로 운동하라. 운동을 하면 기분이 좋아질 뿐 아니라 신체와 정신 건강에도 좋다.

D. 에너지 비축하기

에너지가 적을수록 부정적인 감정을 경험할 확률이 높아진다.

- **수면을 개선하라.** 반드시 충분한 수면을 취해야 한다. 가능하면 매일 일정한 시간에 자고 일어나라.
- **건강에 좋은 음식을 섭취하라.** '당신이 먹은 음식이 당신을 만든다.'라는 말과 같이 정크 푸드는 당신의 에너지에 부정적인 영향을 미친다. 따라서 당신의 식단을 개선하는 조치를 취하도록 하라.
- **휴식하라.** 잠시 낮잠을 자거나 휴식을 취하라.
- **심호흡을 하라.** 제대로 된 호흡법을 배워라.

E. 도움 요청하기

- **전문가와 상담하라.** 자존감이 극도로 낮거나 우울증을 앓는 등 심각한 감정 문제가 있다면 전문가와 상담하는 것이 현명하다.

워크북 Chapter 11 '부정적인 감정에서 빠져나와라'에 당신이 활용하고자 하는 단기 해결책과 장기 해결책을 한 가지씩 써 보라. 그리고 본문의 해결책 가운데 무엇이 부정적인 감정을 다루는 데 가장 도움이 될지를 마음속으로 생각하라.

PART 4

감정 중심이 단단한 사람으로 성장하는 법

나는 모든 상황과 순간이 당신의 자아가 성장할 기회를 제공해 준다고 믿는다. 이처럼 현실은 해변에 몰아치는 파도처럼 우리를 끊임없이 다양한 환경 속으로 몰아넣는다. 우리는 언제나 그 현실과 어우러져 적응하면서 파도 속으로 뛰어들 기회가 주어진다.

데이비드 K. 레이놀즈, 《건설적인 삶》의 저자

지금까지 우리는 감정이 무엇이며, 어떻게 형성되고, 긍정적인 감정을 경험하도록 당신의 마음을 재설계하는 방법에 대해 살펴보았다. 이제부터는 당신의 감정을 성장의 수단으로 활용하는 방안을 소개하도록 하겠다.

감정은 우리에게 유용함에도 대부분의 사람들은 이를 과소평가한다. 이러한 사실은 감정을 토대로 성장할 수 있다는 사실을 간과하고 있음을 보여 준다.

당신의 감정이 메시지를 보내는 상황을 상상해 보자. 그 메시지의 내용은 현실에 대한 당신의 해석이 편향되어 있다는 것이다. 즉 문제는 현실이 아니라 당신이 현실을 해석하는 방식임을 잊지 말자. 당신에게는 최악의 상황에도 의미와 기쁨을 찾아낼 수 있는 힘이 있으니 말이다.

그 예로 체코 출신의 이스라엘인 피아니스트 알리스 헤르츠좀머(Alice Herz-Sommer)에겐 절망 속에 살았던 적이 있었다. 제2차 세계대전 중 강제 수용소에 수감되었기 때문이다. 따라서 그녀는 앞으로 살 날이 얼마나 허락되었는지조차 알 수 없었다. 그 상황 속에서도 그녀는 기쁨을 찾아냈다. 그녀는 당시의 일을 다음과 같이 회상한다.

"나는 늘 웃었다. 아들과 함께 바닥에 누워 지내면서도 아들은 항상 내 미소를 보았다. 아들도 내 웃음을 보니 어떻게 웃지 않을 수가 있을까?"

한편 베스트셀러 작가이자 동기부여 강연자 닉 부이치치(Nick Vujicic)는 사지가 없이 태어난 탓에 결코 행복해질 수 없을 거라고 믿었다. 어느 날 그는 한 학교에서 열린 강연에서 다음과 같이 말한 바 있다.

"저는 아내의 손도 잡을 수 없는데, 무슨 남편이 될 수 있겠어요?"

위와 같은 상황에서는 부이치치가 스스로의 삶을 비관하더라도 누구도 그를 비난할 수 없었을 것이다. 그러나 그는 역경을 극복하고, 현재 성공한 동기부여 강사가 되었다. 그리고 그는 한 여자의 남편이자 네 아이의 아버지가 되어 행복한 삶을 누리고 있다.
위에서 소개한 두 사례를 통해 우리는 더없이 힘겨운 상황도 극복해 낼 수 있음을 확인할 수 있다. 또한 부정적인 감정 또한 영원히 지속되지 않는다는 사실도 알 수 있다. 삶의 역경이야말로 우리가 인간으로서 성장할 수 있는 순간이니까 말이다. 아주 심각한 멘탈 붕괴 상태라도 우리를 일깨우는 모닝콜이 될 수도 있다.
4부에서는 감정의 작동 방식을 통하여 감정을 성장 수단으로 활용하는 방법을 배우게 될 것이다. 동시에 감정에 따라 생겨나는 고통을 경감하는 방법 또한 살펴보고자 한다.

Chapter 18

감정의 목소리를 무시하지 않는다

감정은 휘발되기에 당신을 규정짓지는 못한다. 물론 감정이 중요하지 않다는 의미는 아니다. 감정은 당신이 이미 알고 있는 사실, 즉 삶에 변화가 필요하다는 점을 상기시킴으로써 성장에 중요한 역할을 할 수 있다. 당신이 감정을 무시할수록 그 목소리는 점점 더 커질 것이다. 물론 감정의 목소리는 처음엔 직감 또는 직관이라는 작은 목소리로 시작한다. 감정을 무시하는 나날이 길어질수록 감정은 신체적 고통과 마찬가지로 당신의 몸을 통해 말을 건네기 시작한다.

예컨대 당신이 '스트레스'라는 감정을 경험한다고 가정해 보자. 이는 당신의 삶에 변화를 주어야 한다는 의미이다. 즉 스트레스를 주는 상황에서 벗어난다든지, 그 상황을 개선하거나, 아니면 그에 대한 당신의 해석을 바꾸는 등의 변화 말이다. 따라서 당신은 그러한 상황에 확실한 조치를 취해야 한다. 당신이 스트레스나 그 요인을 계속 무시한다면, 결국 심각한 건강 문제에 직면하게 될 것이다.

결론적으로 감정은 당신에게 메시지를 전한다. 신체적 고통이 당신의 몸에 이상이 있음을 말해 준다면, 감정적 고통 역시 당신의 마음에 생긴 문제를 일러 주는 역할을 한다.

자기 인식의 힘

자기 인식은 당신의 성장에 가장 필요한 요소에 속한다. 자기 인식이 없다면 당신은 삶에서 변화를 잘 이끌어 낼 수 없다. 이는 문제의 존재를 인식하지 못하기 때문에 해결할 수조차 없음을 나타낸다.

그렇다면 자기 인식이란 무엇일까? 자기 인식이란 스스로의 해석이나 스토리의 개입을 배제하고 당신의 생각이나 감정, 또는 행동을 객관적으로 관찰할 수 있는 능력이다.

기준 이상/이하의 상태

짐 데스머(Jim Dethmer)와 다이애나 채프먼(Diana Chapman)의 저서 《의식적 리더십의 15가지 약속(The 15 Commitments of Conscious Leadership)》에서는 자기 인식을 높이는 데 도움이 될, 간단하면서도 효과적인 모델을 소개하였다. 그 모델은 한 마디로 설명할 수 있을 정도로 정말 단순하다. 이에 두 저자는 우리가 항상 '기준 이상/이하'의 상태에 있다고 주장한다.

상태가 기준 이상일 때는 개방적인 태도를 취하며, 호기심도 많아지면서 배움에 대한 의지도 샘솟는다. 그러나 기준 이하의 상태에서는 스스로가 옳다고 믿으면서 새로운 아이디어에 방어적이며 폐쇄적인 태도를 취하게 된다. 요컨대 기준 이상일 때는 의식 있는 사람이, 기준 이하일 때는 그렇지 않은 사람이 되는 것이다.

당신이 기준 이상인지, 이하인지는 당신의 감정 상태에 달려 있다. 당신의 생존이나 자아를 향하는 위협을 감지할 때, 당신의 상태는 기준 이하로 내려간다. 그리고 당신은 그야말로 살아남기 위해 스스로 또는 자아를 지키려 애쓴다.

그와는 달리 기준 이상일 때, 당신은 정신적으로 긍정적인 상태가 된다. 이에 따라 창의성, 혁신성, 협동력이 최고점에 달하면서 좋은 성과를 이룰 수 있게 된다.

스스로의 감정 상태를 잘 통제하는 관건은 기준 이하의 상태를 알아챌 수 있는가에 달려 있다. 감정의 존재를 알아채지 못한다면, 그 감정을 바꿀 수 없다. '인식' 또는 '의식'이 있다는 것은 바로 그와 같이 감정의 존재를 알아챌 수 있다는 의미이다.

감정 상태가 기준 이상일 때와 이하일 때의 예는 다음과 같다.

기준 이상의 상태일 때 당신은

- 호기심이 많다.
- 의식적으로 귀를 기울인다.
- 여러 감정을 느낀다.
- 갈등 없는 논쟁이 가능하다.
- 감사할 줄 안다.
- 책임감이 있다.
- 자신의 신념을 비판적으로 검토한다.

기준 이하일 때 당신은

- 한 가지 의견에만 집착한다.
- 불평불만을 늘어놓는다.
- 말싸움을 한다.
- 합리화하려 한다.
- 험담을 한다.
- 타인에게 자신의 믿음을 강요한다.
- 엉뚱한 사람에게 화풀이한다.

두려움 VS 사랑

당신이 활용할 수 있는 또 다른 간단한 모델은 '두려움 VS 사랑'이다. 오늘 당신이 한 행동의 동기는 두려움이나 사랑에서 비롯되었을 것이다.

예컨대 타인의 인정이나 관심, 돈 또는 권력 등을 손에 넣는 것이 주요 관심사일 경우 두려움이 원인이 된다. 그러나 타인에게 당신의 시간이나 돈, 사랑 또는 관심 등을 베푸는 것이 주요 관심사라면, 사랑이 행동의 동력인 것이다. 이는 곧 자신을 위한다기보다 순전한 이타심으로 자신이 가진 것을 남과 나눔으로써 타인의 삶을 개선하려는 의도에서 비롯된다.

당신의 행동은 주거나 받으려는 욕구를 동시에 반영하기도 한다. 하지만 일반적으로는 두 욕구 가운데 하나가 더 뚜렷하다. 따라서 감정을 다스리려면 먼저 당신의 행동의 원인이 무엇에서 비롯되는가를 구분하는 법부터 배워야 한다.

당신의 주요 인생 목표를 살펴보라. 그 목표는 두려움 때문인가, 아니면 사랑 때문인가? 당신은 지금 가진 것을 베풂으로써 세상에 기여하려 하는가, 아니면 세상에서 무언가를 얻어내려 하는가?

예를 들어 당신이 배우가 되고 싶어 한다고 생각해 보자. 그 이유는 다음에 제시한 내용과 같을 것이다.

- 돈
- 유명세
- 부모와 친구에게 당신의 성공을 입증하는 것
- 사람들을 즐겁게 해 주는 것
- 자기 표현

1~3의 예는 대개 두려움에 기반을 둔 행동이다. 이들 이유는 내면의 공허함을 채우면서 자신이 괜찮은 사람임을 입증하고 싶은 것이다. 4~5의 예는 사랑을 바탕으로 한 것으로, 스스로의 재능을 세상에 알리고 싶어 하는 욕구를 보여준다.

이제부터는 감정이 서로 다른 방식으로 작동될 수 있는가를 보다 깊이 있게 살펴보도록 하겠다. 이 과정에서 지금까지 살펴본 '기준 이상/이하', '두려움/사랑 기반 행동' 모델을 계속 염두에 두기를 바란다. 또한 당신은 하루 종일 사랑과 두려움 사이를 오가는 경우가 많음을 명심했으면 한다.

예컨대 당신은 사람들에게 도움이 될 수 있으면서 스스로의 기분도 더없이 좋게 해 줄 일에 푹 빠져 있을 수 있다. 이때 당신에게는 그 무엇도 필요치 않은 상태가 된다. 그러다 5분 후에는 승진을 하여 아버지가 자랑스러워할 것을 상상하기도 한다. 그러나 이 경우는 아버지에게 인정받기 위한 욕구 때문에 더 이상 기분이 좋지는 않을 것이다.

그러니 당신의 행동 이면에 숨은 근본적인 동기에 관심을 쏟기 시작하자. 그러다 보면 동료나 상사, 부모 또는 파트너 등 타인의 인정을 받기 위해 너무나 많은 시간을 쓰고 있음을 스스로 깨닫게 될 것이다. 이러한 사실을 명심하고, "어떻게 하면 '가지려는 사람'에서 '베풀려는 사람'이 될 수 있을까?"를 생각해 보자.

이상에서 살펴본 두 모델을 염두에 두면서 일상적으로 경험하는 감정을 보다 잘 인식하는 방법을 알아보도록 하자.

Chapter 19

꾸준한 감정 기록의 중요성

정기적으로 경험하는 감정을 인식하는 일은 곧 감정 상태를 개선하는 첫걸음이다. 보다 긍정적인 감정들을 만들기 전에 먼저 출발점부터 설정해야 한다.

매일 경험하는 감정을 알아내기 위하여 한 주 동안 당신의 감정을 기록해 보길 권한다. 이 활동에는 노트나 다운로드 가능한 스프레드시트를 사용하는 게 편하다. 하루에 몇 분 동안 당신의 감정을 기록하고, 스스로 1점에서 10점까지 평가해 보자. 기분이 최악이면 1점이고, 최고로 좋다면 10점을 주자. 그리고 한 주가 끝나갈 때 합계를 내고, 다음 질문에 답해 보자.

- 어떤 유형의 부정적인 감정을 경험했는가?

- 왜 그러한 감정이 생겨났는가? 그리고 이에 대한 객관적인 사실은 무엇인가?
  - 부정적인 감정을 느끼게 한 생각을 구체적으로 한 적이 있었는가? 아니면 수면 부족이나 질병, 사고와 같은 외부적인 원인 때문인가?

- (당신의 생각이 아닌 실제 세계에서) 실제로 어떠한 일이 일어났는가?

- 그 사건에 대한 당신의 해석은 어떠했는가?

- 그러한 감정에 대하여 당신의 믿음은 어떠했는가?
  - 당신의 믿음은 사실인가?
  - 생각과 사건을 달리 해석하면 기분이 더 나아질 수 있었겠는가?

- 평소의 상태로 어떻게 되돌아갔는가?
  - 정확히 어떤 일이 일어났으며, 그 일이 당신의 생각을 바꾸었는가? 당신이 원치 않아 피하던 것에 어떻게 대응했으며, 그 일이 자연스럽게 일어났는가?

- 부정적인 생각을 피하거나 줄이기 위해 무엇을 할 수 있었는가?

구체적 사례

일주일간 당신의 감정을 기록한 결과, 가벼운 우울함이 이틀 동안 지속되었음을 알게 되었다고 가정해 보자. 이 사례에 대한 내용은 다음과 같다.

Q. 왜 그러한 감정이 생겨났을까?

A. 직장에서 업무 지시를 받았는데, 능력이 부족하거나 무능해서 그 일을 마칠 수 없을 것 같다고 느꼈다.

Q. 실제로 어떠한 일이 일어났는가?

A. 업무 지시를 받고 해당 업무를 수행했다.

Q. 그 사실에 대한 당신의 해석은 어땠는가?

A. 스스로를 무능하다고 느꼈으며, 사무실에서 나 외의 모든 사람이 그 일을 할 수 있을 것 같았다.

- 그 일을 반드시 해낼 수 있어야 한다고 생각했다.
- 모든 사람들이 나를 평가하는 듯한 느낌이 들었다.

Q. 그러한 감정에 대하여 당신의 믿음은 어떠했는가?

A. 나는 무능하다.

- 무능함은 용납되지 않는다.
- 나는 그 일을 잘할 수 있어야 했다.
- 모든 사람들이 나를 평가하고 있다.

Q. 당신의 믿음은 사실일까? 당신은 정말 무능한가?

A. 나의 선입견으로 스스로에게 크나큰 혹평을 한 것 같다.

Q. 무능함은 용납할 수 없는가?

A. 아니다. 나는 언제나 모든 것을 잘할 수는 없다.

Q. 당신은 그 일을 반드시 해낼 수 있어야 했는가?

A. 나는 지시받은 업무와 비슷한 일에 대한 경험이 적어서 도움을 청하지 않으면 그 일을 제대로 할 수 없었다.

Q. 모든 사람들이 당신을 평가하고 있다는 것은 사실일까?

A. 누군가는 나를 평가하겠지만, 아마 모든 이들은 그렇지 않을 것이다. 어쩌면 모두 각자 해결해야 할 문제가 있으니 나에게 관심을 줄 틈이 없을 것이다. 설령 아무도 신경 쓰지 않는다면 나는 문제없이 일을 해낸 것이고, 결국 부정적인 감정은 내 마음속에만 존재하는 것이 된다.

Q. 어떻게 평소의 상태로 되돌아갔는가?

A. 나는 그 일이 의외로 대수롭지 않음을 깨달았다. 당시 나는 동료에게 내가 했던 일에 대해 물은 적이 있었다. 그 동료는 나를 도와주면서 조언도 몇 마디 건넸다. 또한 그는 내 능력을 높일 좋은 책도 몇 권 추천해 주었다.

Q. 부정적인 생각을 피하거나 줄이기 위해 무엇을 할 수 있었는가?

A. 모든 걸 혼자 하려 들지 않고, 타인에게 도움을 청할 수 있었을 것이다.

이상의 과정을 통해 부정적인 감정을 경험하는 이유를 알게 될 것이다. 또한 문제를 키우는 부정적인 행동을 색출함으로써 매일 감정을 다스리고, 긍정 확언을 반복하여 그러한 행동을 극복할 수도 있을 것이다.

TIP !

일기에 당신이 매일 느낀 감정을 꾸준히 기록하는 것을 잊지 말라. 이 과정에서 감정의 기복은 삶에서 일반적인 현상임을 깨닫게 된다. 그러면 감정과 어느 정도 거리를 둘 수 있을 것이다.

워크북 Chapter 12 '꾸준한 감정 기록의 중요성'에 당신의 감정을 적어라.

Chapter 20

자신의 가치를 믿어라

"오스카상을 수상했을 때, 단순히 운이 좋아 받은 건 아닌가 싶었어요. 그래서 모든 사람들이 실상을 알고 제 집 문에 노크하면서 '죄송합니다. 그 상 다른 사람 거였네요. 메릴 스트립이 받았어야 할 상이었어요.'라고 말하면서 상을 도로 가져가 버리면 어쩌나 했네요."

조디 포스터

"당신은 '누가 내 영화를 다시 보러 오고 싶겠어? 그리고 어떻게 연기를 해야 좋을지, 이 일을 하고 있는 이유를 아직도 모르겠어.'라고 생각하는군요."

메릴 스트립

자신이 만족스럽지 못하다는 생각이 드는가? 하지만 이는 당신만의 생각은 아니다. 이와 관련하여 나 또한 동료 블로거에게 다음과 같은 글을 쓴 적이 있다.

"제가 쓸 수 있는 주제는 아주 많지만, 세상에 이미 너무 많은 책이 나와 있네요. 그래서 가끔 글을 써 봤자 무슨 소용일까 싶기도 합니다."

그러자 그가 다음과 같이 대답했다.

"저도 그 마음 잘 압니다. 가치 있는 말이라면 모두 세상 밖으로 나온 지 오래니까요. 제가 그 주제에 대한 글을 쓸 자격이 있는지, 지금까지 제가 이룬 게 무엇인지도 잘 모르겠네요. 아, 뭐… 저는 이게 당연하다고 봅니다. 그나마 이런 문제로 고민하는 사람이 우리뿐만이 아니라는 걸 알게 되었으니 다행이죠."

당신의 인식 여부와 관계없이 수백만 명의 사람들이 비슷한 생각을 하고 있다. 자신이 부족하다는 생각은 그 자체만으로 다른 생각에 비해 더 많은 꿈을 포기하게 만들었을 것이다. 하지만 그러한 생각을 안 해 본 사람은 없을 것이다. 나의 경우, 살아오면서 그 생각과 비슷하게 든 느낌은 다음과 같다.

- 나는 괜찮은 작가가 될 수 없다.
- 나는 충분한 카리스마가 없다.
- 나는 유능하지 못하다.
- 나는 자신감이 없다.
- 나는 용기가 없다.
- 나는 아직 자제력이 부족하다.

- 나는 대중연설을 할 수준은 아니다.
- 나는 잘생기지 않았다.
- 나는 사람들에게 영감을 줄 수준은 아니다.
- 나는 흥미가 부족하다.
- 나는 돈을 잘 벌지는 못한다.
- 나는 근육질의 몸매를 만들 수 없다.
- 나는 끈기가 부족하다.
- 나는 인내심이 부족하다.
- 나는 적극적이지 못하다.
- 나는 생산적이지 못하다.
- 나는 똑똑하지 않다.
- 나는 실천하지 못한다.
- 나는 강인하지 못하다.
- 나는 열심히 일하고 있지 않다.
- 나는 영어를 잘하지 못한다.
- 나는 일본어를 잘하지 못한다.
- 나는 기억력이 좋지 않다.

그 외에도 예는 얼마든지 있다.

스스로가 부족하다고 느끼는 사람은 대체로 자존감도 낮다. 이러한 사람은 자신이 잘한 것은 죄다 잊어버린 채 잘못한 것에만 집중한다. 그러한 사람은 칭찬을 받아도 "별일도 아닌데요, 뭐."라는 말만 한다. 심지어는 그 칭찬을 예의상 빈말이라 생각하거나 자신을 놀리려는 의도로 간주하기도 한다. 한마디로 칭찬을 받아들이기 힘들어하는 것이다. 그저 고맙다는 말 한 마디면 될 텐데, 굳이 칭찬을 받아들이려 하지 않으면서 스스로의 능력을 과소평가하는 것이다.

당신도 그렇지는 않은가? 다음에 제시된 세 가지 가운데 칭찬을 받을 때, 당신이 어떠한 반응을 보이는가를 확인하기 바란다.

- "누구든 다 할 수 있는 일인데요, 뭐."라는 말과 같이 자신의 일을 대수롭지 않은 것으로 취급하며 칭찬을 받아들이지 않는다.
- 잘못한 것을 일일이 거론하면서 더 잘할 수 있었을 것이라고 아쉬워한다.
- "고맙습니다. 당신도 정말 잘해주셨어요."라는 말과 같이 자신이 받은 칭찬을 굳이 상대에게 보답하려 한다.

위에 제시된 세 반응은 모두 칭찬을 그대로 받아들이지 못하는 경우이니 주의하기를 바란다. 위의 경우 스스로 이루어낸 성취를 죄다 무시할 뿐 아니라, 그간의 실패를 과장하며 스스로를 가치 없는 사람으로 전락시키는 꼴이다. 또한 실패야말로 자신의 스토리에 어울린다고 믿으며, 실패에서 벗어나지 못한 채 매달리도록 한다.

당신이 만약 스스로에게 만족하지 못하는 사람이 아니라면, 당신은 과연 어떤 사람이 될까? 이 말이 이상하게 들릴 수도 있겠지만, 두렵기도 할 것이다. 적어도 스스로가 부족하다는 확신으로 위안을 얻고 있을 테니까.

자신의 스토리에 더 이상 매달리지 않고, 늘 하고 싶었던 일을 과감히 시도했다가 실패로 끝났다고 상상해 보자. 그렇다면 오랜 시간을 지속해 온 자신의 부족함에 대한 믿음이 사실로 밝혀질 것이다. 그런데 그 일에 성공한다면, 이러한 성공이 그 사람의 스토리에 어울릴까?

뇌는 부정적인 방향으로 편향되어 있음을 명심하라. 여기에 편견까지 더해진다면 스스로에 대한 긍정적인 감정을 만드는 데 도움이 되지 않을 것이 뻔하다. 경험이나 관심, 재능이 부족하다는 사실은 특정 분야에서 일을 원하는 만큼 해내지 못하는 이유를 설명할 수는 있을 것이다. 하지만 그러한 사실은 현실과는 아무 관계가 없다.

불만족감을 이용해 성장하는 법

스스로에 대한 불만족감은 곧 자존감이 낮음을 나타낸다. 의외로 많은 사람들이 자존감이 낮다고 느끼며, 그 정도는 사람마다 천차만별이다. 나 또한 마찬가지이다. 누군가는 자신의 모든 일이 스스로 충분치 않다고 느낀다. 그런가 하면 다른 이는 특정 상황이나 삶의 한 분야에서만 불만족스러움을 느낀다. 당신의 자존감 수준이 어떻든 자존감을 향상시킬 수 있도록 도움을 받을 수 있을 것이다.

불만족감의 요인 파악하기

자존감을 회복하기 위해 가장 먼저 할 일은 불만족감의 요인을 찾아내는 것이다. 당신은 스스로 특정한 생각과 동일시하고 있으며, 삶 속에서 어떠한 분야에 관심이 있는가? 잠시 시간을 내어 다음에 제시된 항목에 답하라.

- 당신이 부족하다고 느끼는 상황
- 스스로를 당신의 스토리와 동일시하는 생각

성취 추적·관찰하기

다음으로 할 일은 당신의 성취를 추적 및 관찰하는 것이다. 스스로에 만족하지 못하는 느낌은 자신에 대한 편향적인 시각에서 비롯되는 경우가 많다. 따라서 당신의 성공은 인정하지 않고 단점에만 집중하는 것이다. 건강한 자존감을 가진 사람은 대개 자신의 단점과 장점을 모두 인정하는 등 보다 객관적인 관점에서 스스로를 바라본다.

자존감을 높이려면 먼저 당신이 잘하고 있는 것을 모두 인정하라. 이에 다음 연습이 도움이 될 것이다.

연습하기

✦ 1. 성취 기록하기

당신의 성취를 인정하는 최선의 방법은 그 성취를 모두 기록하는 것이다. 이에 노트를 한 권 준비하여 꾸준히 적기를 권한다.

- 그간 살아오면서 성취한 것들을 모두 적어 보자. 일단 성취 목록을 50가지로 작성해 보고, 그 목록을 모두 채웠다면 보다 사소한 성취도 기록하라. 이는 당신이 그간 얼마나 많은 성취를 이루었는가를 깨닫는 데 도움이 될 것이다.
- 매일 하루 일과를 마치고, 그날에 당신이 성취한 것들을 모두 적어 보자. 다음과 같이 사소한 성취라도 좋다.

- 아침에 제시간에 일어났다.
- 운동을 했다.
- 건강한 아침 식사를 했다.

위와 같은 성취라도 5~10가지 정도는 적도록 하라.

연습하기

✦ 2. 자존감 항아리 채우기

또 다른 방법은 종이에 당신이 성취한 일을 하나씩 적고, 그 종이를 병 속에 넣는 것이다. 이 연습을 최대한 잘 실천할 수 있는 방법은 다음과 같다.

- 용기를 눈에 띄는 장소에 놓아두어라. 가장 좋은 장소는 책상 위이며, 그다음은 침실이다.
- 당신이 좋아하는 용기와 그 디자인을 선택하라. 이 작업은 당신의 자존감과 관련된 일이므로 기분이 나아지는 것이라면 어떤 것이든 상관없다. 단 종이가 채워지는 모습을 볼 수 있도록 용기는 투명해야 한다.
- 용기에 긍정적인 의미를 담은 이름을 지어라. 예를 들어 '나의 자존감' 또는 '나를 사랑하기' 등이 있다.
- 마음에 드는 종이에 당신이 성취한 일을 적어라. 용기가 채워지는 모습을 보며 눈이 즐거울 수 있도록 여러 색의 종이를 사용하는 것이 좋다. 색종이를 쓰는 것도 좋은 방법이다.
- 당신이 좋아하는 펜으로 적어라.

이 활동에서는 당신이 성취한 바를 인정함으로써 스스로에 대한 존중을 표하는 것이 중요하다.

연습하기

✦ 3. 긍정일기 쓰기

그날 들은 칭찬을 모두 기록하여 일기를 쓸 수도 있다. 일기에는 동료가 당신이 신은 신발이 멋져 보인다고 말했거나, 친구가 당신의 헤어스타일을 칭찬했다거나, 또는 상사에게서 업무를 잘 수행했다는 얘기 모두 적을 수 있다.

칭찬의 진정성에 의문을 제기하지 말자. 항상 칭찬을 칭찬으로 받아들이자. 당신의 마음이 삶 속의 긍정적인 일에 집중할 수 있도록 하는 것이 중요하다. 이는 당신의 인정과는 상관없이 실제로 일어난다. 이 연습을 가장 효과적으로 실천할 수 있는 방법은 다음과 같다.

- 마음에 드는 노트를 준비하라.
- 그 노트를 개성 있게 꾸며라. 스티커나 사진을 붙이거나 그림을 그리고, 여러 가지 색을 사용하여 노트를 치장하라. 이를 원치 않는다면 하지 않아도 된다. 당신의 일기장이니까.
- 노트는 언제나 가지고 다니면서 새로운 칭찬을 들으면 바로 기록하는 것이 좋다. 다만 이는 선택사항이므로 반드시 실천하지 않아도 무방하다.
- 일기를 매일 읽으면서 그간 당신에게 칭찬을 건넨 사람들에게 감사하라. 예컨대 '고마워요, 사랑해요.'와 같이 말이다. 그리고 낮이든 밤이든 읽고 싶을 때마다 수시로 일기를 읽어라. 구체적인 사항은 당신이 정하면 된다.

다시 말하지만 당신의 일기를 만드는 것이므로, 지금까지 제시한 것들은 모두 제안일 뿐이다. 다만 어떠한 것이든 당신에게 도움이 된다면 큰 상관은 없다.

칭찬 수용하는 법 배우기

어쩌면 당신은 칭찬을 받아들이는 일이 어려울 수도 있다. 당신은 어떤가? 다음 문장이 낯익게 다가오는가?

- 정말 별것 아닌데요, 뭐.
- 누구라도 할 수 있었을 거예요.
- ○○○의 도움 덕분이에요.
- 아, 더 잘할 수 있었는데.

칭찬을 받아들일 줄 알아야 하는 아주 중요한 이유가 있다. 칭찬하는 사람은 당신이 그 칭찬을 마음속의 쓰레기통에 쏟아버리지 않고 그대로 받아들이기를 바라기 때문이다.

당신이 누군가에게 선물을 주었다고 생각해 보라. 만일 그 사람이 선물 상자를 열어 선물을 바닥에 내동댕이치고 발로 짓밟은 뒤 다른 곳으로 던져 버린다면, 당신의 기분은 어떻겠는가? 최악일 것이다. 그렇지 않은가?

안타깝게도 우리는 칭찬을 받을 때마다 그와 같이 반응한다. 칭찬을 받아들이지 못하면 애써 칭찬한 사람에게 결례를 저지르는 것과 다를 것이 없다. 입장을 바꾸어 생각해 보면 당신 또한 상대가 당신의 칭찬을 진심으로 받아들이기를 바라지 않겠는가?

✦ 1. 칭찬 받아들이기

간단한 연습을 통해 당신은 보다 쉽게 칭찬을 받아들일 수 있을 것이다. 누군가 당신을 칭찬했다면 상대방에게 다음과 같이 말해보자.

고마워요.

이게 전부다. 정말 간단하지 않은가. "감사합니다만…"이나 "감사합니다. 당신도 마찬가지예요." 또는 "별것도 아니었는데요, 뭐."라고 말하지 말라. 그냥 "감사합니다." 한마디면 된다. 이와 관련하여 본 연습을 최대한 효과적으로 실천하는 방법을 다음에 소개하고자 한다.

- 크고 또렷한 목소리로 말하라. 그렇지 않으면 무미건조하고 기계적인 태도로 감사의 말을 입 밖으로 내는 자신을 발견하게 될 것이다. 그렇다면 당신은 그간 단 한 번도 진심이 담긴 감사의 말을 한 적이 없었는지도 모른다.
- 차분한 마음가짐으로 감사함을 느껴라. 감사의 표현 다음에 이어질 사족을 입 밖으로 내기 전에 잠시 여유를 갖고 당신이 표한 감사의 마음을 느끼도록 하여라. 칭찬을 가볍게 여긴다거나, 칭찬받을 자격에 대한 이유를 굳이 설명하려 들지 말라.

• 당신의 기분을 그대로 표현하라. 상대방에게 당신의 심경을 말함으로써 당신의 마음을 보여 주어라. 물론 많은 사람들이 감사를 표하는 데 어려움을 겪기에 내적 반발을 일으킬 수 있다. 이는 우리의 자긍심이 '우리는 강하다. 따라서 굳이 다른 사람의 도움이나 칭찬을 받을 필요가 없다. 또한 우리가 나약하다는 기분을 느끼고 싶지도 않다.'라고 말하며 감사를 표하는 것을 막는다. 만일 당신이 내적 반발에 부딪혀 이 연습이 어렵다고 느낀다면, 그게 정상적인 반응임을 알기 바란다.

칭찬을 수용하는 태도를 보면 그 사람의 자존감이 어느 정도인가를 알 수 있다. 그러니 칭찬을 받아들이는 연습을 하면서 스스로의 나약함 또한 인정하도록 하라. 당신이 칭찬받을 자격이 있다고 여긴다면 당신의 자존감 또한 향상될 것이다.

✦ 2. 감사하기 게임

이 연습의 목적은 예전에 인정하거나 좋아하지 않았던 당신의 여러 면모에 감사하는 법을 배우는 데 있다. 이 연습은 파트너와 함께한다면 더 좋을 것이다.

당신이 상대방에게 고마워하는 점 세 가지를 말하고, 상대 또한 당신과 같은 방법으로 말하도록 하라. 최대한 구체적으로 말하는 것이 좋으며, 감사할 일이 사소한 것이라도 괜찮다. 다음은 이 연습의 예이다.

• 오늘 아침에 바쁜데도 식사를 준비해 줘서 고마워.
• 오늘 아이들을 차로 데려와 줘서 고마워.
• 퇴근 후에 항상 고민을 들어 줘서 고마워.

더 나아가기

자존감은 복잡한 주제이며, 여러 사람에게 영향을 미치지만, 동시에 오해의 대상이 되기도 한다. 그리고 낮은 자존감을 극복하기 위해서는 시간과 노력이 필요하다.

만일 스스로 부족하다는 생각이 수시로 든다면 아래에 제시된 책을 읽어볼 것을 권한다. 다음 책을 읽다 보면 심각하고 만성적인 자존감 문제가 있음을 깨닫게 될 것이며, 전문가와의 상담이 필요하리라는 생각이 들 것이다.

- 너새니얼 브랜든(Nathaniel Branden) 박사의 《자존감의 여섯 기둥(The Six Pillars of Self-Esteem)》
- 마릴린 소렌슨(Marilyn Sorensen) 박사의 《자긍심(Breaking the Chain of Low Self-Esteem)》
- 위 저자의 《낮은 자존감에 대한 오해와 잘못된 진단: 필요한 도움을 찾지 못하는 이유(Low Self-Esteem Misunderstood & Misdiagnosed: Why You May Not Find the Help You Need)》

위에서 소개한 책의 주요 내용은 다음과 같이 요약된다.

먼저 너새니얼 브랜든의 저서 《자존감의 여섯 기둥》에서는 보다 건강한 자존감을 기르기 위해 필요한 여섯 기둥, 즉 6가지 실천 사항을 소개하고 있다.

1. 의식적 생활: 의식적인 생활이란 우리의 행동이나 목적, 가치, 목표와 관련된 모든 것들을 의식하고, 우리가 가진 모든 능력을 최대한 활용하며, 우리가 보고, 알고 있는 바에 따라 행동하려고 노력하는 것을 뜻한다.

2. 자기수용: 스스로를 소중히 여기고 존중하며, 존재의 당위성을 옹호하는 것이 자기수용이다. 또한 자기수용은 자존감이 싹트는 토대이기도 하다.

3. 자기책임: 이 개념은 누구도 자신을 도와주지 않음을 깨닫고, 스스로가 주체가 되어 삶을 온전히 책임지는 것을 뜻한다. 이는 자신의 선택과 행동에 대한 책임이 모두 스스로에게 있음을 인정하는 것이기도 하다. 또한 시간을 쓰는 방법 및 행복에도 책임이 있는데, 이는 스스로의 삶을 바꾸는 주체는 결국 자신이기 때문이다.

4. 자기확신: 자신이 원하는 것, 필요한 것뿐 아니라 스스로의 가치를 존중하고 현실 속에서 이들을 적절히 실현해 나감을 이른다.

5. 목적의식: 자신의 능력을 활용해 선택한 목표를 달성하는 것을 말한다. 다시 말해 삶의 모든 영역에 목표를 세우고 그 목표를 달성하며 살아가는 것이다.

6. 개인적 진정성: 이상과 신념, 믿음에 부합하도록 행동함을 이른다. 즉 거울에 비친 스스로를 보며 옳은 일을 하고 있음을 확신할 수

있을 때, 개인적 진정성이 입증된다.

마릴린 소렌슨 박사의 《자긍심》에서는 자존감의 개념 및 작동 방식을 설명한다. 이 책에 따르면 낮은 자존감은 스스로에 대한 부정적인 인식에서 비롯되며, 그러한 인식은 대개 과거의 경험에 대한 부정적인 해석에서 비롯된다. 이와 같이 현실에 대한 왜곡된 인식에 따라 두려움과 불안을 경험하는 것이다.

한편 가정환경 또한 자존감에 큰 영향을 줄 수 있다. 부모의 지속적인 괄시로 자신이 한 일을 모두 형편없는 것으로 치부하기도 한다. 당신 또한 지금 스스로를 남들보다 쓸모없는 사람이라고 확신하고 있을 수도 있다. 그렇다면 당신은 그 부정적인 이미지를 토대로 세상을 보게 된다. 결국 당신의 눈앞에는 색안경을 쓴 듯 칭찬할 점은 가려지고 비판할 점만 보일 것이다.

《자긍심》에 제시된 사례는 자존감 문제가 현실에서 어떻게 나타나는지를 이해하게 될 것이다. 또한 스스로의 자존감 문제에 대한 이해를 돕는 여러 방법뿐 아니라 자존감을 보다 건강하게 기르는 데 필요한 방안도 소개하고 있다.

워크북 Chapter 13 '자신의 가치를 믿어라'에 제시된 연습 항목을 실천하라.

Chapter 21

인생에 독이 되는 방어적 태도

"옳은 것에 대한 사랑은 틀리는 것에 대한 두려움의 형태로 가장 잘 이해한다."

캐스린 슐츠, 저널리스트 겸 작가

당신은 끊임없이 스스로를 합리화하는가? 아니면 누군가 당신을 모욕하거나 무례하게 행동할 때마다 발끈하는가?

방어적인 행동에는 아주 특별한 이유가 있다. 그 이유를 알게 된다면 스스로를 이해하고, 자기방어에 대한 욕구도 내려놓는 데 도움이 될 것이다. 이와 관련하여 방어적으로 행동하는 이유부터 살펴보도록 하자.

방어적으로 행동하는 이유

스스로를 방어하려는 욕구는 자신의 스토리나 자아를 지키고자 하는 생각에서 비롯된다. 자아가 위협받을 때마다 당신은 이를 지켜야 할 필요성을 느끼는 것이다. 그 이유는 크게 세 가지가 있다고 할 것이다.

- 타인이 사실을 말했을 때
- 스스로 사실이라 생각하는 바를 타인이 말했을 때
- 신념이 공격받았을 때

우리에게는 각자 다른 스토리가 있기에 당신을 발끈하게 만드는 것이라도 다른 사람에겐 그렇지 않을 수도 있음을 명심하라.

타인이 사실을 말했을 때

타인이 당신에게 맞는 말을 했다면, 당신의 기분은 좋지 않을 것이다. 예컨대 누군가 당신이 프로젝트를 미루는 모습을 지적할 수도 있다. 그러나 그 사실을 받아들이지 못하면 방어적으로 행동하게 된다. 그리고 그러한 얘기가 오갈수록 분노나 거부감 또는 자기비판 등 감정적 반응들이 표출되기 시작한다.

스스로 사실이라 생각하는 바를 타인이 말했을 때

누군가 당신에게 스스로 사실이라고 생각하는 것을 말한다면 뜨끔함을 느낄 것이다. 이때 그 비난이 사실무근일 수도 있겠지만, 그럼에도 기분이 좋지 않을 것이다. 그 이유는 타인의 말이 스스로를 지치게 하는 사실을 재확인하는 계기가 되기 때문이다.

당신이 충분히 잘하고 있지 못한다는 생각이 자리를 잡았다고 생각해 보자. 그러한 생각으로 당신은 누구보다 열심히 노력하고 있을 것이다. 그런데 누군가 당신에게 나태하다고 비난한다면 기분이 썩 좋지는 않을 것이다. 그러나 이러한 반응은 당신이 실제로 게으르기 때문이 아니라 더 노력해야 한다는 믿음을 보여주는 것이다.

신념이 공격받았을 때

누군가 직간접적으로 우리의 신념을 공격한다면, 우리는 스스로를 방어할 필요성을 느낀다. 신념에는 종교적, 정치적인 것도 있지만, 세상 또는 스스로에 대한 일반적인 믿음 또한 그 범주에 속한다. 우리가 신념에 집착할수록 감정적 반응은 더 거세질 것이다. 그 좋은 예를 하나 살펴보자.

진보 진영에서는 도널드 트럼프(Donald Trump)가 악인이라 믿는다. 따라서 트럼프가 미국 대통령에 당선되었을 때 강한 거부감을 드러냈다. 그러나 보수 진영에서는 트럼프의 승리에 환호했다.

사람들은 왜 같은 사건에도 서로 다른 반응을 보이는 걸까? 이는 저마다의 신념 때문이다. 민주당과 공화당 지지자는 스스로를 각자의 정치적 신념과 동일시한다. 이에 따라 트럼프의 대선 승리에 민주당 골수 지지자는 울분을 터뜨렸으나, 공화당 지지자는 그 일에 큰 기쁨을 드러낸 것이다.

우리의 굳은 신념이 공격받거나 도전에 직면할 때마다 당신은 한 가지 감정적 반응을 경험하게 된다. 그리고 그 믿음이 깊을수록 그 반응 또한 격렬해진다. 자신의 종교를 비판하는 사람은 누구든 죽이려 드는 경우는 그 극단적인 사례에 속한다.

방어적 태도로 성장하는 법

당신을 자극하는 상황을 돌아보라. 그리고 화가 날 때마다 스스로에게 그 이유를 물어라. 어떤 생각 때문에 그러는지, 그렇다면 그 생각을 내려놓을 수 있는지, 그리고 그 믿음은 진정 옳은 믿음인지 등과 같이 말이다. 이를 통해 스스로를 이해하게 될 것이다. 또한 당신에게 도움이 되지 않는 생각을 내려놓을 수 있으며, 이에 방어적인 반응 또한 굳이 필요하지 않음을 깨닫게 될 것이다.

실천하기

워크북 Chapter 14 '인생에 독이 되는 방어적 태도'에 있는 연습 항목을 참고하라.

당신이 방어적으로 행동할 때마다 잊지 말고 스스로에게 다음 질문을 반드시 던져 보라.

- 지금 무엇에 방어적으로 반응하는가?
- 그 생각을 내려놓을 수 있는가?
- 만약 그 생각이 없다면 어떨까?

Chapter 22

통제할 수 없는 상황은 받아들이기

"모든 걱정 안에는 긍정적인 행동의 기회가 있으며, 모든 거짓말에는 작은 진실이 숨어 있다. 그리고 모든 신경증의 징후는 충만한 삶에 대한 뒤틀린 욕망에서 비롯된다.

데이비드 켄트 레이놀즈, 《건설적인 삶》

당신은 스트레스가 무엇인지, 왜 생겨나는지 궁금한 적이 있었는가?

사람들은 특정 상황에서 스트레스를 받는다고 여긴다. 사실 스트레스는 우리의 외부에 존재하지 않기 때문에 상황 자체가 스트레스를 준다고 보기는 어렵다. 그럼에도 당신은 수시로 스트레스를 받고 있다. 그것도 생각 외로 더 자주 말이다. 매년 수만 명의 사람들이 스트레스로 목숨을 잃는다. 스트레스는 어느 질병보다 더 해로우며, 이에 수많은 가정에 사랑하는 사람을 잃는 슬픔을 안겨주기도 한다. 이는 스트레스 경감에 대한 적극적인 조치가 필요한 본질적인 이유이기도 하다.

스트레스 관리를 위한 책임

스트레스는 어느 정도 조절이 가능하다. 따라서 당신은 스트레스를 줄이는 일에 책임을 져야 한다. 이에 대한 책임이 늘수록 스트레스를 효과적으로 관리할 수 있다.

스트레스는 다양한 원인과 상황 속에서 생겨난다. 출근길의 교통체증이나, 비즈니스 프레젠테이션, 상사와의 갈등 또는 배우자와의 잦은 말다툼 등 모든 것들이 스트레스의 잠재적 근원이다. 스트레스를 경감하는 방법은 두 가지이다.

- 스트레스를 주는 상황 피하기
- 스트레스를 주는 상황에 대처하기

위에서 소개한 방법을 이용하여 스트레스를 어떻게 줄이는가를 다음부터 알아보도록 하자.

스트레스로 성장하는 법

✦ 스트레스의 원인 기록하기

당신에게 스트레스를 주는 상황을 살펴보도록 하자. 워크북을 이용해 평소 일주일간 당신에게 가장 큰 스트레스를 주는 것을 적어도 10가지는 적도록 하라.

스트레스 재해석하기

감정은 여러 사건에 대한 당신의 해석으로 생겨난다. 다시 말해 당신이 스트레스 또는 특정 감정을 느낀다는 것은 곧 일어나고 있는 일에 스스로의 해석이 개입했다는 의미이다. 따라서 당신이 그렇지 않는다면 스트레스 없는 삶을 살게 될 것이다.

그렇다면 당신이 기록한 스트레스의 원인이 되는 상황을 살펴보자. 각 상황에 대해 스스로에게 다음과 같은 질문을 해 보라.

- 이 상황 자체가 정말 스트레스를 주는 걸까?
- 이 상황에서 스트레스를 경험하려면 어떠한 생각을 해야 할까?
- 이 상황에서 스트레스를 줄이거나 없애려면 어떠한 생각을 해야 할까?

만약 교통체증으로 스트레스를 받는다고 생각해 보자.

이 상황 자체가 정말 스트레스를 주는 걸까? 아니, 꼭 그렇지는 않다. 교통체증은 늘 있는 일이며, 그 자체로는 아무 문제가 없다.

이 상황에서 스트레스를 경험하려면 어떠한 생각을 해야 할까? 그러려면 다음과 같은 생각을 해야 한다.

- 교통체증은 있어서는 안 되며, 뭔가 문제가 있을 것이다.
- 교통체증은 그 자체로 스트레스를 받는 일이다.
- 교통체증에 걸리지 않고 목적지로 가야 한다.
- 이 문제에 대해 할 수 있는 일이 있다.

그렇다면 해당 상황에서 스트레스를 줄이거나 없애려면 어떠한 생각을 해야 할까? 그러려면 다음에 제시한 것을 염두에 두어야 할 것이다.

- 교통체증은 다른 일과 마찬가지로 정상적인 현상이다.
- 교통체증 때문에 굳이 스트레스를 받을 필요가 없다.
- 교통체증에 걸려 있지만, 잠시 동안은 목적지에 굳이 가지 않아도 된다.
- 이 상황에서 내가 할 수 있는 것은 없지만, 적어도 스트레스를 받지 않는 것이 낫기 때문에 이 상황을 즐긴다.

걱정에 대처하기

걱정은 현재 경험하고 있는 일의 결과가 아니라 과거나 미래의 일과 관련된 감정이라는 점에서 스트레스와는 다르다. 한편 스트레스는 지금 당장 압박감을 느끼는 상황에 직면해 있을 때 경험한다.

스트레스를 주는 상황은 심한 교통체증에 걸렸거나 상사에게 야단을 맞는 것 등이 있을 것이다. 그렇게 스트레스를 주는 과거의 순간을 기억하거나, 미래의 일을 예측 또는 상상하는 것이 걱정일 것이다. 흥미롭게도 다음과 같은 이유로 우리의 걱정은 대부분 쓸데없는 것들이다.

- 과거에 이미 일어난 일이므로, 이미 벌어진 일에 당신이 할 수 있는 것은 전혀 없다.
- 미래에 일어날 법한 일이라도 당신은 미래를 통제할 수 없다.

연습하기

✦ 걱정거리 기록하기

과거 또는 미래와 관련된 걱정거리를 모두 적어 보라. 아마 이전 연습에서 기록한 것과 비슷할 수도 있겠다. 당신이 기록할 걱정거리의 예는 다음과 같다.

- 건강
- 경제적 상황
- 직장
- 인간관계
- 가정

그렇다면 당신이 일주일간 평소에 주로 걱정하는 것들을 최소 10가지는 적어 보라.

걱정거리 분류하기

끊임없는 걱정은 통제할 수 없는 일들을 관리하려는 의도에서 비롯된다. 이때 삶에서 불필요한 스트레스를 만들어 낸다. 보다 효과적으로 스트레스에 대처하면서 만성적인 걱정을 극복하려면 걱정거리를 분류할 수 있어야 한다.

효과적인 분류법은 당신이 통제할 수 있는 일과 그렇지 않은 것을 나누는 것이다. 이에 당신의 걱정거리는 다음과 같이 세 가지 범주로 나눌 수 있겠다.

- 통제할 수 있는 것
- 어느 정도 통제할 수 있는 것
- 전혀 통제할 수 없는 것

통제할 수 있는 것

해당 범주에는 당신의 행동과 그 방식이 속한다. 상대방에게 할 말과 함께 그 말을 전하는 방식을 선택하는 것이 그 예이다. 또한 목표를 달성하기 위한 행동을 결정하는 것도 마찬가지이다.

어느 정도 통제할 수 있는 것

경기나 취업 면접처럼 제한적으로 통제할 수 있는 일도 있다. 테니스 경기에서의 승리를 100% 장담할 수 없더라도 결과는 어느 정도 통제할 수 있다. 경기 전부터 열심히 훈련하거나 뛰어난 코치를 기용하는 것처럼 말이다.

마찬가지로 취업 면접의 경우 취업하려는 회사를 다방면으로 조사하거나, 모의 면접으로 실제 면접에 대비할 수 있다. 하지만 그렇다 해도 면접 결과를 100% 통제하기란 불가능하다.

전혀 통제할 수 없는 것

안타깝게도 전혀 통제할 수 없는 일도 많다. 날씨나 경제 상황 또는 교통체증 등이 그 예이다.

연습하기

✦ 걱정거리 분류하기

이전 연습에서 적어놓은 스트레스 상황에 대한 목록을 보라. 그리고 각 항목 옆에 통제 가능 여부에 따라 'C(Control, 통제 가능)'나 'SC(Some Control, 어느 정도 통제 가능)' 또는 'NC(No Control, 통제 불가능)'라고 평가하라.

위와 같이 걱정거리를 분류하는 간단한 작업만으로도 내면의 걱정을 더는 데 도움이 된다. 통제할 수 없는 걱정거리를 깨달으면서 적어도 그 걱정만큼은 손에서 놓을 수 있기 때문이다.

이제 통제할 수 있는 것과 어느 정도 통제할 수 있는 것의 경우, 이들 걱정거리에 대해 당신이 할 수 있는 일을 적어라. 어떠한 구체적인 조치로 그 걱정들을 덜 수 있겠는가? 전혀 통제할 수 없는 것이라면 이제부터 그 걱정거리를 관리하려는 욕구를 내려놓거나, 있는 그대로 받아들일 수 있지 않겠는가?

스트레스 및 걱정 관리에 100% 책임지기

만일 당신이 걱정에 대하여 생각보다 더 큰 통제력을 쥐고 있다면 어떻겠는가? 그렇다면 당신이 통제할 수 없는 상황 속에서 스스로에게 다음과 같이 질문하라. "내가 이 상황을 통제할 수 있다면 어떻게 해야 할까? 그러면 어떤 느낌일까? 그리고 어떻게 그러한 상황을 예방할 수 있을까?"

물론 당신은 상황을 어느 정도 통제할 수 있다는 사실을 깨닫게 될 것이다. 이는 당신의 삶에서 그러한 상황을 재해석하거나, 완전히 없애버리는 등의 변화를 통해 가능해진다.

예컨대 교통체증은 당신이 전혀 통제할 수 없는 상황임을 깨달았다고 생각해 보자. 이는 타당한 얘기처럼 들린다. 일단 교통체증에 걸리면 당신이 할 수 있는 것은 별로 없다. 그러나 달리 행동할 수는 있지 않을까? 좀 더 일찍 출발한다거나, 다른 길로 가는 등의 방법으로 말이다.

또한 상황을 재해석하는 것은 어떤가? 마음속으로 상황을 피하려고만 하지 말고, 현재의 순간에 100% 충실함으로써 교통체증에 걸린 시간을 생산성 높은 시간으로 바꿀 수 있다. 예를 들자면 교통체증 시간에 오디오북을 들음으로써 그 시간을 최대한 활용할 수도 있는 것이다. 1년 동안 매일 교통체증이 심한 시간대에 오디오북을 듣는다면 얼마나 많은 것을 배울 수 있을지 상상해 보자.

이상으로 당신의 걱정거리를 다시 확인하면서 스스로 통제할 수 없는 것을 찾아보라. 그리고 이를 바꾸거나 재해석하기 또는 없애기 위해 당신이 할 수 있는 일을 모두 적어 보라.

워크북 Chapter 15 '스트레스와 걱정'에 제시된 연습 항목을 참고하라.

Chapter 23

타인의 생각은 나의 생각이 아니다

"당신에 대한 타인의 생각이 어떻게 당신에게 해가 되겠는가?

해가 되는 것은 타인의 생각에 대한 당신의 시선이다.

그러니 당신의 생각을 바꿔라."

버논 하워드, 《당신의 슈퍼마인드의 힘(The Power of Your Supermind)》

당신은 자의식이 지나치게 강한가? 이와 관련하여 이 장에서는 스스로에 대한 타인의 생각을 의식하는 이유와 함께 그러한 생각을 줄일 수 있는 일을 소개하고자 한다.

당신은 세상에서 가장 중요한 사람이다

먼저 당신이 세상에서 가장 중요한 사람이라는 사실을 깨닫길 바란다. 그 말이 믿기지 않는다면, 최근에 당신이 가장 심한 통증을 느꼈던 때를 떠올려 보자. 치통이나 수술 통증, 아니면 사고로 다리가 부러졌을 때의 통증도 괜찮다. 그렇다면 당시에 어떠한 생각이 들었는가? 아프리카의 기근 문제나 중동에서 전쟁으로 무고한 사람들이 죽어가는 일을 걱정했는가?

아니다. 그 당시 당신이 원했던 건 단 하나, 통증이 사라지는 것뿐이었을 것이다. 이는 당신이 세상에서 가장 중요한 사람이기 때문이다. 당신은 매일 24시간 동안 스스로와 더불어 살아가야 한다. 따라서 당신이 신체적, 정신적 행복에 가장 큰 관심을 보이는 것은 당연한 일이다.

또한 지구상의 다른 사람들 또한 각자 자신이 세상에서 가장 중요한 사람이라는 사실을 깨달아야 한다. 나 또한 세상에서 가장 중요한 사람은 당신이 아니라 나이다. 그리고 이러한 관점은 당신의 친한 친구, 가족, 그리고 동료 또한 마찬가지이다.

당신은 평생을 스스로와 함께하기 때문에 무의식적으로 타인 역시 당신 생각을 할 거라는 잘못된 추측을 하기 쉽다. 그러나 사실 타인은 의외로 당신에게 관심이 없다. 씁쓸한 얘기처럼 들릴 수도 있겠지만, 이는 당신을 자유롭게 하는 말이기도 하다. 사람들이 당신에 대해 어떤 생각을 하는지 신경 쓰지 않아도 된다는 의미니까 말이다. 다음과 같은 말도 있지 않은가.

"나이 스물에는 모든 사람의 생각에 신경을 쓰고, 마흔이 되면 신경을 끄고, 예순에 접어들면 애초부터 누구도 자기 생각을 한 적이 없다는 사실을 깨닫게 된다."

당신은 그동안의 모든 실수와 곤란했던 순간을 기억하지만, 타인은 그렇지 않다. 각자의 걱정만 하고 살기에도 너무 바쁘기 때문이다. 다시 말해 사람들은 다음과 같다.

- 당신이 저지른 과거의 실패를 일일이 기억하지 않는다.
- 당신이 소셜 미디어에 포스팅한 내용을 모두 읽지 않는다.
- 당신의 곤란했던 순간을 기억하지 않는다.
- 당신 생각을 그리 자주 하지 않는다.
- 스스로를 향한 관심과 달리 누구도 당신에게 관심이 없다.

모두가 당신을 사랑하지는 않는다

자신을 향한 타인의 생각에 신경을 쓰는 것은 결국 타인에게 인정받고 싶어 하는 욕망 때문이다. 이는 곧 문제를 일으키지 않는 최선의 방법이라고 믿는 것이다. 결과적으로 당신은 타인의 사랑을 받기 위해 완벽한 사람이 되려 평생을 애쓰게 될 수도 있다.

그러나 그래 봐야 별 소용은 없다. 당신이 아무리 잘하더라도 누군가는 여전히 당신을 좋아하지 않을 것이기 때문이다. 당신에 대한 사람들의 이미지를 '고치려' 해도, 그 역시 별 소용이 없다. 각자의 가치관과 신념에 따라 사람들은 여전히 자신이 보고 싶은 대로 당신을 보려 할 것이기 때문이다.

따라서 당신의 자존감이 타인의 생각에 근거한다면, 당신은 삶은 언제나 타인의 인정에 휘둘릴 것이다. 사람들이 갑자기 당신을 인정하지 않는다면 어떻게 할 것인가? 안타까운 일이지만, 외부에서 받은 수많은 인정도 결국 자신을 인정하는 것만 못하다.

모든 사람의 사랑에 죽어라 매달리면 자신의 개성을 표출하지 못하는 지루한 삶을 살기 쉽다. 결국 친구의 흉내를 내면서 주변 사람 모두를 기쁘게 해주는 삶만을 살게 된다. 그렇게 세상에서 가장 중요한 사람인 스스로를 즐겁게 하는 일은 잊어버리게 된다.

타인의 시선을 의식하지 말라

타인의 생각은 당신이 관여할 바가 아니다. 사실 사람들이 당신에 대해 어떻게 생각하느냐 하는 것은 당신이 신경 쓸 일이 아니다. 당신은 그저 내재된 개성과 의도를 최대한 표출하면 될 뿐이다. 즉 진정한 당신이 되기 위해 최선을 다하는 것이 당신이 할 일인 것이다.

그러면 사람들이 당신을 좋아할 수도, 싫어할 수도 있다. 하지만 어느 쪽이든 신경 쓰지 않는 것이 좋다. 대통령이나 정치인처럼 가장 큰 영향력을 가진 사람 또한 수백만 명의 사람에게 미움받는다는 사실을 명심하길 바란다.

그러니 당신에 대한 사람들의 이미지를 굳이 바꾸려 하지 않았으면 한다. 사람들은 저마다의 가치관과 신념은 물론 당신을 좋아하지 않을 권리도 있다. 또한 당신의 행동과 그 방식을 저마다의 필터를 통해 바라보고 해석할 자유도 있다. 당신이 모든 사람의 사랑을 굳이 받아야 할 필요가 없다는 사실을 받아들일 때 비로소 성장을 이루면서 진정한 당신으로 거듭날 수 있을 것이다.

자의식 과잉으로 성장하는 법

지나치게 강한 자의식의 의미는 다음과 같다.

- 당신은 자신을 바탕으로 한 사람들의 생각에 대해 왜곡된 견해를 갖고 있다.
- 당신은 스스로 방어적인 자신의 이미지에 집착하고 있다.

자의식이 더 지나치게 강해지지 않도록 하려면 다음 두 가지 문제를 해결해야 한다.

타인의 생각에 대한 해석 전환하기

당신에 대한 타인의 생각을 더는 의식하지 않으려면 관계를 재정립해야 한다. 이를 위하여 다음과 같은 사실을 깨닫는 것이 필요하다.

- 대체로 사람들은 당신을 신경 쓰지 않는다.
- 당신도 사람들을 신경 쓰지 않는다.

연습하기

✦ 1. 사람들이 신경 쓰지 않음을 깨닫기

이 연습을 통해 당신은 사람들이 당신을 크게 신경 쓰지 않는다는 사실을 보다 깊이 깨닫게 될 것이다.

- 친구, 지인, 동료 등 당신이 잘 아는 사람 한 명을 선택하라.
- 일상생활 중에 그 사람을 얼마나 자주 생각하는지 스스로에게 물어라.

- 그 사람의 입장이 되어 평소에 얼마나 자주 당신 생각을 하는지, 당신의 행동이나 말에 얼마나 관심이 있을지, 지금 어떠한 걱정을 하고 있을지를 생각해 보라.
- 최소 두 사람 이상을 상대로 앞의 과정을 되풀이하라.

이 연습을 통해 사람들이 너무나 바쁜 나머지 당신 생각을 자주 할 여유가 없음을 깨닫게 될 것이다. 어쨌든 그 사람도 모두 매일 스스로의 삶을 살아야 하니까 말이다. 결국 타인의 관점으로도 세상에서 가장 중요한 사람은 당신이 아니라 그들 자신인 것이다. 이는 너무도 당연한 일이다.

✦ 2. 당신도 타인을 신경 쓰지 않음을 깨닫기

당신 또한 다른 사람들에게 별 신경을 쓰지 않는다. 다음 연습 중에 그 사실을 깨닫게 될 것이다.

- 점심 식사를 했던 식당의 여종업원, 함께 식사를 한 고객이나 거리에서 마주친 사람 등 당신이 하루 동안 마주쳤거나, 상호 간 교류가 있었던 사람을 모두 떠올려라.
- 이 연습을 하기 전, 그 사람들에 대한 생각을 얼마나 많이 했는가를 스스로에게 질문하라. 아마 전혀 생각한 적 없을 것이겠지만 말이다.

스스로도 잘 알겠지만, 당신 또한 다른 사람에게 신경을 쓸 만큼 여유롭지 못하다. 당신이 신경 쓰는 사람은 오직 당신뿐이다. 그렇더라도 당신이 냉혹하다거나 이기적인 사람이라는 뜻은 아니다. 당신 또한 한 사람일 뿐이니까.

이미지 내려놓기

자의식이 너무 강하면 자신에 대한 타인의 생각을 과도하게 의식할 수 있다.

✦ 이미지 내려놓기

- 외모, 말실수 등 당신이 평가받기 두려워하는 것들을 모두 적어라.
- 지금 겪고 있는 문제가 무엇이며, 어떠한 이미지를 지키려 하는지, 아니면 타인이 설정한 이미지에 부합하지 못하거나 말실수 때문에 남에게 거부당할 것을 두려워하는지 등 이전 과정에서 기록한 걱정거리에 신경이 쓰이는 이유를 적어라.

위의 연습을 통해 현재의 걱정거리를 인지하면서 그에 따른 문제를 해결할 수 있을 것이다. 이 연습과 함께 Chapter 13에 제시된 연습 또한 반드시 마무리하기를 바란다.

마지막으로 사람들은 늘 자신의 가치관과 신념을 토대로 당신의 말과 행동들을 해석하려 함을 잊지 말라. 그러니 당신의 개성을 온전히 드러내려면 사람들이 각자 원하는 방식대로 당신을 보도록 허용하는 것이 좋다.

워크북 Chapter 16 '타인의 생각은 나의 생각이 아니다'에 제시된 연습 항목을 참고하라.

Chapter 24

원망에 올바르게 대처하는 법

"우리의 적들까지 사랑하진 못하더라도, 적어도 우리 자신은 사랑하자. 우리의 적들이 감히 우리의 행복과 건강, 심지어 표정조차 건드리지 못하도록 스스로를 사랑하자."

데일 카네기, 《데일 카네기 자기관리론(How to Stop Worrying and Start Living)》

원망이라는 감정은 상대방이 당신의 기대에 부응하지 못해 화가 날 때 경험하게 된다. 그 사람들은 당신과의 약속을 어겼거나, 당신이 바라는 것을 주지 않았을 것이다. 아니면 당신에게 빚을 졌음에도 갚지 못했기 때문일 수도 있다.

원망은 상대방과의 소통이 잘 이루어지지 못했을 때 커지는 경우가 많다. 즉 상대방이 싫어할 것이라 짐작하면서 기분이 좋지 않다는 말을 면전에서 하지 못하는 것이 그 예이다. 자신의 요구와 바람을 상대방에게 전하지 못한 경우도 마찬가지이다.

또한 원망은 스스로의 감정을 드러내면서 그 감정에 계속 매달릴 때에도 커질 수 있다. 이와 관련하여 넬슨 만델라(Nelson Mandela)는 "원망은 스스로 독을 마시고 적이 죽기를 바라는 것과 같다."라고 말한 바 있다. 물론 그 말처럼 그렇게 해 봐도 아무런 소용이 없다.

원망의 원리

모든 감정이 그렇듯 원망 역시 다음 공식에 따라 그 강도가 점점 더 커진다.

해석 + 동일시 + 반복 = 강한 감정

당신은 다음과 같은 이유에 따라 사소한 일에도 누군가를 몇 년 동안 원망하기도 했을 것이다.

- 특정 사건에 대한 당신의 해석
- 당신의 스토리와 스스로와의 동일시
- 마음속에서의 특정 사건에 대한 반복적인 재현

당신의 친구 중 한 명이 파티에 당신을 초대하지 않아 배신감을 느꼈다고 생각해 보자. 그 생각으로 결국 그 친구는 정말로 당신을 배신했으며, 이에 당신은 그 친구에 대한 원망이 더욱 깊어졌을 것이다. 그렇게 당신은 '어떻게 나에게 그럴 수 있지?'라는 생각을 하지 않을 수 없을 것이다.

그러한 생각이 몇 주 동안 당신을 괴롭히자, 당신은 결국 그 친구와 절교하기로 마음먹는다. 하지만 몇 개월이 지났음에도 당신은 계속 그 친구를 원망하고 있을 것이다. 그러나 친구가 당신을 파티에 초대하지 않은 일 자체는 그리 마음 상할 일도 아니라는 점에 주목하라. 결국 그 사건에 대한 당신의 해석이 친구에 대한 원망으로까지 번진 것이다.

그렇다면 당신의 해석이 잘못되었을 가능성은 없을까? 아니면 그 친구가 당신이 파티를 좋아하지 않거나, 당신이 너무 바빠 파티에 오지 못할 것이라 생각했다면 어떨까? 아무리 그렇더라도 최소한 초대는 했어야 하겠지만, 세상에 완벽한 사람이 어디 있을까. 만일 그 당시에 자신의 해석을 배제하고 그 친구와 직접 얘기를 나누었다면 아마 모든 게 달라졌을 것이다.

방치된 원망의 위험성

원망하는 사람과 직접 대면하기를 피하거나, 그렇지 못하여 불에 기름을 붓듯 상황을 악화시키는 경우가 많다. 당사자와 직접 만나 문제를 해결하려 하지 않고, 머릿속에서 계속 과거의 일을 곱씹기만 하는 것이다. 그 결과 시간이 갈수록 원망은 점점 더 커져 간다. 이는 특히 당신이 원망하는 사람과 수시로 부딪혀야 할 때 더욱 그러하다.

원망으로 성장하는 법

원망은 당신이 누군가를 용서하지 못한 채 살아갈 때 생겨난다. 즉 미래에 일어날 일에 집중하지 않고, 과거에 벌어진 일에 집착하는 데서 비롯된다. 그러나 원망은 용서를 통해 마음의 짐을 덜면서 스스로를 사랑하는 법도 배우게 한다.

또한 원망은 스스로에 대한 사랑뿐 아니라 마음의 평화도 무엇보다 소중히 여겨야 함을 알도록 한다. 이는 당신이 옳다고 호소하거나, 상대에게 보복하거나 증오심을 드러내는 것보다 더욱 중요하다. 더 간단히 말하자면 원망을 극복한다는 것은 결국 자신에 대한 사랑을 선언하는 것이다. 또한 당신을 앞으로 나아가도록 해주면서 타인에게도 자비를 베풀게 된다.

자신을 사랑하기

앞서 인용한 넬슨 만델라의 말을 조금 비틀어 보면, 원망은 당신이 든 독배이자 정원에 자라는 잡초와 같다. 또한 원망은 당신의 정당한 권리를 부당하게 빼앗겼다고 믿을 때 생겨난다. 여기에서 빼앗긴 대상은 타인의 신뢰나 존경, 또는 사랑 등이 있다. 이에 따라 당신은 공격받았다고 느끼게 된다.

마음의 평화보다 정의 구현과 앙갚음을 더 중시한다면 원망은 끝없이 지속된다. 또한 스스로의 감정에 원망에 대한 생각을 주입하거나, 감정을 억누를 때 원망은 계속 자라나면서 지속된다. 바로 이러한 이유로 마음의 평화를 우선시하고, 당신을 포함한 타인을 용서하는 법을 배우는 것이 중요하다.

타인을 사랑하기

원망을 내려놓는 일은 공감 능력의 크기와 연관성이 있다. 공감 능력이 클수록 원망을 놓아주기가 더 쉬워진다는 것이다. 이는 반드시 알아야 할 중요한 사실로, 사람들은 항상 자신의 의식이나 무의식 수준을 토대로 행동한다. 당신이 타인에게 달라지기를 바랐음에도 실제로 그렇지 않았다면, 이는 그 사람에게 그럴 만한 사정이 있었기 때문일 것이다.

따라서 타인의 행동을 옳고 그름의 관점보다는 의식과 무의식 수준에 따라 논하는 것이 더 정확할 것이다. 누군가 당신에게 최악의 행동을 했다면, 이는 그 사람의 의식 부족이거나 당시의 부정적인 감정 상태 때문인 경우가 많다.

안타깝게도 대부분은 위에서 언급한 바에 깊이 길들어 있다. 어려서부터 가정교육에 따라 특정 방식으로 행동하도록 자라났다는 것이다. 이에 사람들은 때때로 부모와 똑같이 행동하려 한다. 어린 시절 부모에게서 학대를 경험한 사람이 자녀를 학대하는 경우가 많은 것이 그 예이다. 이와 관련하여 에크하르트 톨레의 《지금 이 순간을 살아라》에 다음과 같은 구절이 있다.

"과거에 길들어 버린 마음은 언제나 자신이 잘 알고 있으며, 익숙한 것들을 재현하려 한다. 설사 그것이 고통스럽다 해도, 적어도

익숙한 것이니 말이다. 또한 마음은 늘 잘 알려진 것에 집착한다. 그렇지 않은 것은 통제할 수 없어 위험하기 때문이다. 마음이 지금 이 순간을 싫어하고 외면하는 것도 바로 그 때문이다."

간단히 말해 인간의 마음은 무의식적으로 과거의 패턴에 집착하여 그 패턴을 재현한다. 집안 내력을 살펴보면 그러한 패턴을 발견할 수 있으며, 사람들이 이에 길들어 가는 과정도 보게 될 것이다. 이를 통해 우리는 정해진 패턴에서 벗어나기가 얼마나 힘든 일인지를 잘 알 수 있다.

나는 나를 과보호한 어머니를 원망하곤 했었다. 어머니는 내가 성장할 수 있도록 용기를 북돋우는 일도 없었다. 오히려 나는 어머니의 행동으로 가뜩이나 나약했던 스스로가 더 나약해졌다며 어머니 탓을 한 적이 있었다. 그 일이 나의 성장을 위한 여정에 올랐던 이유이기도 했다. 뒤늦게서야 나는 어머니의 행동에 악의가 전혀 없었음을 깨달았다. 어머니의 행동은 나름의 좋은 의도에서 비롯되었으며, 어머니는 이에 최선을 다했다.

사람은 스스로 가진 것과 능력, 그리고 자신이 누구이며, 어떠한 환경에서 살아왔는지에 따라 행동한다. 그렇게 많은 실수를 저지르기도 하며, 이는 우리 또한 마찬가지이다. 그것이 바로 인간의 모습인 것이다.

인간이 시도하는 가장 어처구니없는 일은 하나는 과거를 바꾸고 싶어하는 것이다. 과거의 일은 이미 실제로 일어나 버린 것이다. 그렇기에 그 일은 어차피 벌어질 것이었다. 중요한 것은 앞으로 무엇을 할 것인가이다.

원망에 대처하는 법

이제 우리는 원망을 손에서 놓아주기 위해 다음 사항의 중요성을 고찰하고자 한다.

- 해석 전환 및 재평가하기
- 직접 대면하기
- 용서하기(동일시에서 벗어나기)
- 잊기(반복을 중단하기)

원망은 당신에게 일어난 사건에 대한 해석에서 생겨난다. 그 해석 때문에 배신감을 느끼며 분노를 표출하거나, 심지어 보복하겠다는 욕구에 사로잡히기도 한다. 또한 마음속으로 자꾸만 그 일을 떠올리면서 원망의 감정을 크게 키우기도 한다. 다시 말하면 원망의 근원이 되는 상황이나 사람과 직접 마주하기를 피함으로써 원망의 감정을 점점 더 크게 키워 가는 것이다.

위와 같은 상황이 일어나지 않게 하려면, 일어난 일에 대한 스스로의 해석을 재평가하고, 당신이 원망하는 상황 또는 사람과 직접 마주할 수 있어야 한다. 이를 통해 자발적인 용서로 원망의 감정을 내려놓고, 잊는 것으로 마무리해야 한다. 즉 마음속으로 되풀이하면서 당시의 기억을 자꾸만 반복하는 일을 멈춰야 하는 것이다.

당신의 해석 바꾸기/재평가하기

폭넓은 관점에서 상황을 보려면 이미 일어난 일에 대한 스스로의 해석을 되돌아볼 필요가 있다. 혹시 상황을 너무 과장했거나, 해석이 잘못되었을 수도 있지 않은가를 자신에게 질문하라. 해석을 배제하고 정확히 있었던 일에만 집중한다면 사실만 남게 될 것이다. 이와 같이 실제로 어떠한 일이 있었는지를 되돌아보면 소중한 통찰력을 얻게 될 수 있으며, 이는 현재 당신의 해석을 보다 힘을 실어주는 것으로 바꿀 수 있도록 도와준다.

직접 대면하기

만일 당신의 원망이 사람을 향해 있다면, 그 사람과의 솔직한 대화를 통해 당신이 느끼는 바를 그대로 전할 필요가 있다. 그렇지 않는다면 원망이 점점 더 커지기도 한다.

그 이유는 두려움 때문이다. 나약함, 타인과의 관계 속에서 주게 될 상처와 부정적인 영향에 대한 두려움 말이다. 혹시 상대방과 직접 얘기를 할 수 없는 상황이라면 편지를 쓰는 것도 좋은 방법이다. 편지를 상대에게 전달하지 않더라도, 쓰는 것만으로 원망을 가라앉히는 데 도움이 된다.

용서하기

스스로의 생각을 표현할 길을 찾았다면 용서도 가능하다. 당신은 그동안의 사실을 되돌아보며 스스로의 해석에 대해서도 성찰하였다. 필요하다면 원망하는 대상과 진솔한 대화를 나누기도 했다. 이처럼 할 일을 모두 끝냈으니 이제는 원망의 감정을 내려놓을 수 있을 것이다.

먼저 원망으로 생겨날 수 있는 부정적인 결과에 대해 생각해 보자. 그리고 원망이 당신의 행복과 마음의 평화에 미치는 영향을 모두 적어 보자. 원망의 감정은 과거에 대한 집착에서 생겨난다는 사실을 명심하라. 용서는 실재하는 유일한 것, 즉 현재와 다시 연결되는 일이다. 반면 망각은 실재하지 않는 것으로, 과거와 결속된다.

그다음 원망을 내려놓아라. 원망을 놓아주고 나면 당신의 삶과 기분이 어떨지 상상해 보라. 지금 당장 실천해 보고, 원망을 내려놓으며 용서하라.

용서는 스스로를 사랑하는 행위임을 잊지 말라. 당신은 단순히 공감 능력이 좋아서가 아니라 다른 그 무엇보다 당신의 행복을 중시하기 때문에 용서하는 것이다. 또한 용서로써 스스로의 스토리에서 해방되어 원망을 멀리하게 된다. 이와 관련하여 '감정을 내려놓는 5단계 과정'도 활용할 수 있다.

잊기

마지막으로 잊는 것이다. 이는 더 이상 원망을 품지 않고 앞으로 나아갈 때에야 가능해진다. 설사 원망이 생겨나더라도 그냥 잊어버려라. 그러한 생각은 어차피 시간이 지나면 점점 힘을 잃는다.

워크북의 Chapter 17 '원망에 올바르게 대처하는 법'에 제시된 연습 항목을 직접 실천하라.

Chapter 25

타인과 자신을 비교하지 말라

질투는 타인에게 있는 것이 자신에게 없을 때 생겨난다. 우리는 예외 없이 모두 질투를 하는데, 그러한 감정을 느낀다고 해서 자신을 탓해서는 안 된다. 이 장에서 나는 질투가 어떻게 작동하는지를 설명한 뒤, 그 감정에 대처하는 방법을 소개하도록 하겠다.

질투의 원리

질투는 자신이 충분하지 못하다는 믿음에서 생겨난다. 또한 스스로에게 부족하거나 없는 것이 있을 때에도 생겨난다. 당신은 타인이 가진 것을 원하며, 그것을 손에 넣으면 마음이 충만해지리라 믿는다. 그렇지 않는다면 당신의 것이라고 믿는 사물이나 사람을 잃게 될지도 모른다는 두려움이 생기게 된다.

질투 활용하기

질투를 통해 당신은 잘못된 길을 가고 있다는 사실 또는 진정 원하는 것이 무엇인지 알게 될 수도 있다. 《콰이어트(Quiet)》의 저자 수잔 케인(Susan Cain)은 작가나 심리학자인 친구를 질투한 적이 있다고 하였다. 흥미롭게도 그녀는 당시 변호사였는데, 다른 변호사 친구와는 달리 성공한 변호사를 전혀 질투하지 않았다. 이에 그녀는 변호사가 자신의 길이 아니라는 걸 깨달았다. 그리고 작가로 전직하였다.

나도 비슷한 경험을 한 적이 있다. 과거 나는 컨설턴트였는데, 내가 다니던 회사에서 성공한 사람들이 부럽거나 존경스럽지 않았다. 그런데 개인적인 성장 과정에서 나는 성공한 자기계발 분야의 블로거들과 유튜버들이 부러워졌다. 특히 그런 사람이 바로 내가 하고 싶어 하는 일을 하고 있다는 것을 알고 나니 너무나 부러웠다. 그리고 연구하며 성장하는 과정에서 타인에게 도움을 주면서 사회적으로 기여도 할 수 있다면 얼마나 멋질까 하는 상상을 했다. 이러한 이유로 나는 결국 블로거가 되어 책도 쓰기 시작했다. 지금까지의 내용과 같이 질투는 잘만 활용한다면 오히려 우리에게 도움이 될 수 있다.

연습하기

✦ 당신이 질투하는 사람들을 알아내기

당신이 질투하는 사람의 명단을 작성해 보자. 그 명단을 보면 어떤 생각이 드는가? 그리고 당신이 삶에서 원하는 것은 무엇인가?

사고방식의 '결핍'을 알리는 질투

상황에 따라서 질투는 결손된 사고방식을 갖고 있다는 의미와 상통하기도 한다. 이와 관련하여 개인적인 경험을 예로 들어 보겠다.

나는 베스트셀러 작가를 보며 질투할 때가 많다. 그 사람이 마치 내 파이 조각을 훔치는 듯한 기분이 들고, 또 나도 그들만큼 성공할 자격이 있다는 생각도 든다. 이는 그리 자랑스러운 감정은 아니지만, 그렇다고 질투를 느끼는 스스로를 탓하고 싶은 생각은 없었다.

위와 같이 질투는 이 세상에서 누릴 수 있는 성공의 양은 제한적이라는 생각에서 비롯된다. 따라서 누군가 조금씩 성공을 누릴 때마다 그만큼 당신이 맛볼 성공의 파이를 도둑맞는다는 기분이 드는 것이다.

그런데 흥미롭게도 사실은 그렇지 않은 경우가 많다. 오히려 작가라면 그 반대이다. 한 작가가 다른 작가와 협업할수록 성공 가능성은 그만큼 더 높아진다. 반면 모든 일을 혼자 하려 하는 작가는 실패할 가능성이 높다. 물론 이는 작가에게만 해당되는 얘기는 아니다. 누구든 사고방식을 경쟁에서 협력 중심의 사고방식으로 바꾸면 결핍을 충만함으로 바꿀 수 있다.

요즘 나는 다른 작가의 성공을 보면, 이것이 얼마나 좋은 소식인지를 생각한다. 그 사람이 할 수 있다면 나도 가능하다는 것이니 말이다. 게다가 동료 작가들이 보다 큰 성공을 거둘수록, 그만큼 미래에 내게 도움을 줄 수 있는 위치에 있게 된다. 그 반대도 마찬가지로, 내가 다른 작가의 성공에 더 많은 도움을 줄수록 미래에 그들이 내게 도움을 줄 가능성 또한 더 커지게 되는 것이다.

위와 관련하여 미국의 작가 지그 지글러(Zig Ziglar)는 "당신이 만일 타인을 도와 원하는 바를 이루어 준다면, 당신은 살아가면서 원하는 것을 모두 가질 수 있게 된다."라 말한 바 있다. 타인이 할 수 있는 일이라면 당신도 할 수 있음을 명심하라. 또한 성공은 한정된 자원이 아님을 잊지 말라.

✦ **경쟁보다 협력하기**

과거 타인의 성취에 질투했던 날을 생각해 보자. 스스로에게 당시 그러한 감정을 갖게 된 이유를 생각해 본다. 그다음에 다음과 같이 질문을 던져라.

- 당시 그 사람을 도와줬다면 어땠을까?
- 그 사람과 어떻게 협력할 수 있었을까?
- 그 사람의 성공이 나에게 어떠한 이득이 있을까?

자존감 문제를 해결하는 질투

어쩌면 당신은 애인의 외도로 당신을 떠나면 어쩌나 하는 두려움을 느낄 수 있다. 두려움은 대개 당신이 부족하다는 생각에서 비롯된다. 그리고 그 생각은 당신이 애인의 존재로써 비로소 완전해질 수 있다는 믿음에서 생겨나기도 한다.

불행일 수도, 다행일 수도 있겠지만 당신이 타인의 생각이나 행동을 통제할 수 없듯, 당신의 애인 또한 마찬가지이다. 때로는 상대방을 통제하려는 욕구 때문에 관계가 틀어지기도 한다. 질투는 정상적인 반응이지만, 그 정도가 너무 과하다면 내면을 들여다봐야 한다. 당신의 불안과 두려움은 대개 자존감 부족에서 생겨나며, 이는 당신이 더 이상 사랑받지 못할 것이라는 두려움에서도 생겨난다.

그리고 질투를 하면 다음과 같은 행동을 저지르기도 한다.

- 상대방을 통제하려 든다. 휴대폰이나 이메일 확인은 물론, 친구를 만나기 위한 외출까지 막으려 할 수도 있다.
- 상대방이 자신을 사랑하는지 확인하기 위한 테스트를 한다. 이에 상대방에게 자신이 원하는 행동을 기대하며, 그렇지 않는다면 배신감을 느낀다. 이는 자신이 원하거나 필요한 것을 상대방에게 말해서는 안 된다는 믿음에서 비롯된다. 그러니 상대방이 할 수 있는 것이라고는 오로지 짐작뿐이다.
- 일어나지도 않은 일을 상상한다. 여러 가지 짐작으로 마음속에서 온갖 종류의 스토리를 만들어 낸다.

비교를 멈추는 신호로서의 질투

"타인이 자신보다 더 행복할 것이라는 불만족스러운 생각을 하는 사람이 수 백만 명이나 된다. 감히 장담하건대 결코 그렇지 않다. 사람들은 겉으로는 웃으며 행복한 듯이 행동하지만, 마음속엔 슬픔이 감추어져 있기도 하다. 사람들은 또 현재의 장소가 아닌 다른 곳에서 다른 일을 하고 싶어 하며, 스스로가 현재의 자신이 아닌 다른 사람이기를 간절히 바라기도 한다."

버논 하워드, 《당신의 슈퍼마인드의 힘》

질투는 대부분 타인과의 비교에서 생겨난다. 그런데 그러한 유형에 속하는 비교는 대개 편향적이기 때문에 비생산적이다. 따라서 '사과 대 사과'와 같은 일대일 비교는 드물어졌다.

우리는 몇몇 친구들의 성공을 보면서도 그것이 일부에 지나지 않는다는 사실은 전혀 깨닫지 못한다. 겉보기에는 행복해 보이고 성공한 것처럼 보일지 몰라도 사실은 불행하거나, 심지어 우울증에 시달릴 수도 있는 것이다. 결론적으로 친구가 당신보다 행복하다고 생각하기보다 차라리 당신이 그 친구만큼 행복하다고 치는 것이 더 낫다.

또한 당신보다 친구가 더 나은 것처럼 보이는 영역만 보려 하지 말라. 어쩌면 친구가 당신보다 돈을 더 많이 번다거나, 당신은 아직 싱글인데도 친구에게는 애인이나 배우자가 있다거나 하는 사실에만 집중할 수도 있겠다. 아니면 친구의 태생적인 힘이나 능력을 질투하고 있을 수도 있다. 이는 당신이 일대일 비교를 하지 못하고 있음을 나타낸다. 결국 당신은 현재 스스로의 힘이나 능력을 무시한 채, 당신이 친구보다 못하다는 느낌을 받고 있는 것이다.

그보다 더 좋지 않은 것은 스스로를 여러 사람과 비교하는 것이다. 그 사람들이 이루어낸 성과를 보고, 스스로의 삶과 비교한다. 당연히 결과는 좋지 않다. 어떻게 여러 사람의 강점이 모여 이루어진 결과를 혼자인 자신과 비교할 수 있겠는가. 이러한 유형의 비교는 굉장히 편향적이고 비현실적이다. 그럼에도 많은 사람들이 그러한 비교를 무의식적으로 하고 있다.

만일 질투심이 느껴진다면, 이는 불공정한 비교 때문이다. 차라리 어제와 오늘의 자신을 비교하는 것은 어떤가? 결국 우리가 할 수 있는 것은 과거의 당신보다 더 나은 당신이 되려 애쓰는 것 하나뿐이니까. 사람들은 모두 각자 다른 환경 속에서 서로 다른 재능과 개성을 가지고 시작한다. 따라서 공정한 경쟁은 사실상 존재하지 않는다.

연습하기

✦ '사과 대 사과'(일대일) 비교하기

이 연습은 자신과 타인 사이의 공정한 비교에 도움이 될 것이다. 자신과 자주 비교하는 사람을 선택하고, 그리고 그 사람보다 뛰어난 당신만의 강점을 모두 적어라.

워크북 Chapter 18 '타인과 자신을 비교하지 말라'에 제시된 연습 항목을 참고하라.

Chapter 26

우울증의 실체를 깨닫기

"우울증을 극복하는 데 가장 힘든 점은 중독성이다. 따라서 우울하지 않으면 오히려 불편해지기 시작한다. 그리고 행복해지면 죄책감까지 든다."

피트 웬츠, 미국 가수

비임상적 우울증은 당신이 원하는 곳에 있지 못할 때, 희망조차 없음을 인정하지 못할 때 발생한다. 이는 비극적인 일이 벌어진 뒤, 또는 삶의 양상이 서서히 붕괴될 때 더욱 점진적으로 일어나기도 한다. 그리고 우울증은 삶에서 하나 이상의 절망감을 느낄 때 생겨난다. 다음에 제시된 내용이 그 좋은 예이다.

- 당신은 직장을 잃었으며, 성에 차는 새 직장을 구할 희망조차 없다.
- 당신은 병이 들었고, 바람대로 회복될 희망도 없다.
- 당신은 이혼했으며, 아이는 가끔 한 번만 만난다.
- 당신은 어울리는 배우자를 찾을 희망조차 없다.
- 당신은 빚이 너무 많아 영영 갚을 수 없을 것 같다.
- 당신은 가족과 사별했다.

위의 일들은 비극적인 사례에 속하지만, 우울증은 의외로 평범한 상황에서도 나타난다. 예컨대 너무 오랜 시간 과거에 매달리거나, 미래에 대한 걱정을 하다가 우울증에 걸린 사람도 있다. 이와 같이 삶에 그다지 심각한 일이 닥치지 않았는데도 우울증에 걸리기도 한다.

다른 감정과 마찬가지로 우울 역시 좋은 것도, 나쁜 것도 아니다. 그저 감정일 뿐임을 상기할 필요가 있겠다. 우울함이 곧 당신 자체는 아니다. 당신은 그 감정을 느끼기 전에도, 그러한 중에도 존재해 왔으니까 말이다. 모든 조건이 그대로라면 그 감정이 사라진 이후에도 당신은 존재할 것이다.

우울증도 극복 가능한 감정이다

우울증은 자연스럽게 생겨난 듯 보이겠지만, 사실은 자신과 동일시한 부정적인 생각으로 생겨난다. 따라서 우울증은 자신의 책임도 일부나마 있다는 것이다.

그렇다면 우울증에 대해 자신에게 죄의식을 느끼고 자책해야 할까? 물론 절대로 아니다. 당신이 느끼는 어떠한 감정에도 절대 자책할 필요가 없다. 이는 정말 무의미한 짓이니까 말이다. 그러나 현재의 감정 상태가 생겨난 데는 당신의 지분도 있다. 하지만 동시에 당신에게는 그러한 감정 상태에서 벗어날 힘도 있다. 이는 큰 희소식이지 않은가.

미국 작가 데이비드 켄트 레이놀즈가 어떤 과정으로 자살 충동까지 느낄 만큼 심각한 우울증 환자가 되었는지를 떠올려 보라. 그는 저서에서 다음과 같이 말하고 있다.

"어깨를 구부리고 머리를 떨군 채 구부정한 자세로 계속 의자에 앉아 있으면 우울증에 걸릴 수 있다. 그리고 다음과 같은 말을 되뇌어라. '그 누구도 할 수 있는 일이 없다. 아무도 도와줄 수 없다. 절망적이다. 나는 무력하다. 나는 포기했다.'라고 말이다. 그리고 머리를 흔들며 한숨을 쉬며 운다. 대개 우울한 척하다 보면, 얼마 후 정말 우울한 감정이 생겨난다."

그의 우울증은 전적으로 자신이 초래한 것이었다. 그것도 특정한 몸짓과 말, 그리고 생각을 적극적으로 반복함으로써 만들어 낸 것이다. 그는 우울증에 걸리기 위해 그러한 방식으로 행동해야 했다.

위와 같이 당신에게도 우울증을 불러올 힘이 있다. 따라서 그러한 상태에서 빠져나올 능력도 있다는 점은 큰 희소식이다. 그러나 우울증과 같은 부정적인 감정 상태에서 밀려오는 부정적인 생각을 거부하면서 보다 긍정적인 생각으로 바꾸기란 극도로 힘든 일일 것이다. 그러나 당신이 고마움이나 기쁨, 행복 같은 긍정적인 감정을 떠올리려 노력해도, 그러한 생각이 처음에는 무력하게 느껴질 것이다.

우리는 분노와 같은 다른 부정적인 감정을 느낄 수도 있다. 처음엔 그 분노를 무시할 수도 있다. 친구들 역시 화를 내기보다 조용하고 우울하기를 원할 수 있다. 그러나 분노는 때때로 감정 사다리의 높은 곳에서 우울증을 극복하는 데 도움이 되기도 한다. 우울 이외의 감정이 우리에게 도움이 될 수 있음을 기억하며, 더 많은 에너지를 주는 감정 상태를 받아들여라. 그러면 감정 사다리에서 더 높은 곳으로 올라갈 수 있는 힘을 얻을 수 있다.

또한 데이비드 켄트 레이놀즈에 따르면 우울증에 걸린 사람이라도 시간이 지나면서 감정의 기복을 겪게 된다. 그의 저서 《건설적인 삶》에서는 "아주 심한 우울증이라도 가벼운 감정의 잔물결과 파도가 일기도 한다."라는 말이 있다. 다시 말해 기분이 조금 나아지는 순간을 틈타 적절한 조치를 취한다면 우울증 극복에 도움이 될 수도 있다는 것이다.

우울증을 이용해 성장하는 법

우울증은 당신이 현실과의 밀접한 관계를 잃어버렸다는 징후이다. 인간은 지구상에서 우울증에 걸릴 수 있는 몇 안 되는 종에 속한다는 사실을 아는가? 이는 인간이 마음속에서 길을 잃고, 부정적인 생각과 힘 빠지게 만드는 스토리에 끌려다닐 수 있는 종이기 때문이다.

우울증은 스스로의 생각에서 벗어나야 한다는 징후, 즉 과거나 미래에 대한 걱정 또는 현재 상황에 대한 자신의 해석을 내려놓고 다시 현재의 순간과 연결해야 한다는 것이다. 또한 우울증은 지나치게 오랫동안 매달려 온 동일시에서 벗어나라는 강력한 요구일 수도 있다. 그러한 동일시로 당신은 특정한 일이나 생활방식, 또는 사회적 지위와 일정 수준의 자본을 이루어야 할 과업처럼 믿게 된 것이다.

또한 우울증은 우리의 신체와 감정에 다시 연결하도록 초대한다. 어떻게 보면 우울증은 당신의 마음이 만들어 낸 것이기도 하니 말이다. 큰 슬픔이나 우울증을 경험하는 사람들은 생각을 피하기 위해 일부러 계속 바쁘게 지내기도 한다. 우울증에 시달릴 때는 많은 생각이 결코 바람직한 해결책은 아니기 때문이다. 그러나 생각만으로 우울증을 극복하는 경우는 정말 드물다.

따라서 우울증에서 벗어나려면 생각을 멈추고 우리의 신체에 집중하는 것이 좋다. 그리고 신체와의 연결을 위한 최고의 방법은 운동이다. 운동은 기분 전환에 효과가 있다고 알려져 있다.

드문 사례이지만, 심각한 우울증은 환자 스스로의 마음에서 단절되도록 만들기도 한다. 그리고 그러한 일이 일어나면 그들 자신의 스토리가 갑자기 사라지기도 한다. 이는 《지금 이 순간을 살아라》의 저자 에크하르트 톨레도 겪은 바 있다. 책에 따르면 갑작스러운 깨달음과 함께 마음의 움직임이 멈췄다는 것이다. 그는 자신의 경험을 다음과 같이 회상하고 있다.

"나와 내 마음과의 단절이 너무 완벽한 나머지 고통받던 거짓 자아는 마치 공기 주입식 장난감에서 플러그를 뽑는 것처럼 바로 무너져 내렸다."

이를 짧게 말하면 우울증에 걸렸을 때, 스스로의 자아를 내려놓고 다시 현실에 집중해야 한다는 것이다. 우울증은 과거나 미래에만 매달리는 생각에서 벗어나 현재에 더 오래 머물도록 한다. 심각한 우울증이라면 전문가의 도움이 필요할 수도 있으나, 그리 심하지 않다면 다음과 같은 명상 전략이 도움이 될 것이다.

연습하기

✦ 신체 및 감정에 집중하기

우울증을 극복하려면 반드시 당신의 마음을 피해야 한다. 여기에서 '생각'보다는 '느낌'으로 우울증을 벗어나는 게 더 쉽다. 장담하건대 사람들은 대부분 삶의 90% 이상을 생각 속에서 보낸다. 따라서 완전히 깨어 있고, 현재에 집중하는 순간은 드물다. 예를 들어 그러한 사람들은 타인의 말을 듣지 않고 다음과 같이 행동한다.

- 자신이 한 말을 평가하고 해석한다.
- 다음에 할 말을 예측한다.
- 자신의 생각 속을 헤맨다.

위에서 제시한 바는 모두 마음에서 일어나며, 이는 사람들이 현재에 얼마나 충실하지 못한지를 잘 보여 준다. 그리고 사람들은 마음속의 과거나 미래 속에 머물기에 여러 부정적인 감정을 경험한다. 다시 스스로의 신체 및 감정에 집중하기 위해 할 수 있는 일에는 다음과 같은 것들이 있다.

운동

앞서 말한 바와 같이 운동은 마음을 진정시키면서 몸에 집중할 수 있는 아주 좋은 방법으로, 기분에 긍정적인 영향을 준다.

명상

명상은 마음을 관찰하고, 스스로를 생각과 지나치게 동일시하는 것을 막는 효과적인 방법이다. 또한 명상은 마음속을 헤메며 여러 생각과 감정, 그리고 감각을 살펴봄으로써 다시 현실에 집중하는 데 도움이 되는 방법이기도 하다.

활동하기

바쁘게 지내면 지나치게 많은 생각을 피할 수 있다. 그러니 당신의 우울증에 먹잇감으로 부정적인 생각을 주느니 차라리 다른 일에 관심을 쏟는 것이 낫다.

타인에게 집중하기

데일 카네기의 《자기관리론》에서도 언급된 바와 같이, 오스트리아의 정신의학자 알프레드 아들러(Alfred Adler)는 우울증 환자를 대상으로 다음과 같이 말하곤 했다.

“매일 어떻게 하면 누군가를 즐겁게 해줄 수 있는지 생각해 보도록 하세요. 이 처방을 따른다면 14일 안에 다 나을 수 있습니다.”

이 처방의 정확성 여부를 떠나 타인에게 집중하다 보면, 자신에게 닥친 문제를 잊어버릴 것이다. 그리고 더욱 긍정적인 것에 집중하는 데 도움을 주리라 생각한다.

그러나 안타깝게도 우울증에 빠져 있을 때는 이상의 일을 할 마음이 없다. 그러나 일단 몸을 일으켜 바쁘게 움직이기 시작하면 상황이 점차 나아지면서 마음이 편해질 것이다. 그러니 어떠한 일이든 처음 한발이라도 내딛는 게 중요하다.

워크북 Chapter 19 ‘우울증의 실체를 깨닫기’에 제시된 연습 항목을 참고하라.

Chapter 27

안전지대에서 빠져나오기

"삶은 항상 당신의 안전지대 밖으로 한발이라도

내딛는 것에서부터 시작된다."

섀넌 L. 앨더, 동기부여 작가

우리는 새로운 일을 시도할 때마다 불안감을 느낀다. 우리는 미지의 세계를 두려워한다. 그래서 우리는 일상생활을 그대로 유지하면서 안전지대에 머물고 싶어 한다. 이는 뇌의 관점에 따르면 지극히 당연한 일이다. 현재의 습관 덕에 우리의 생존에 대한 잠재적 위협을 피하고 안전한 삶을 누릴 수 있는데, 굳이 그 습관을 바꾸어야 할 이유가 있을까? 이와 같이 우리가 같은 일상과 생각을 반복하는 것도, 스스로를 바꾸려 할 때 많은 내적 반발에 부딪히는 것도 바로 그 때문이다.

그러한 이유에서 우리는 안전지대를 벗어나려 할 때 두려움과 불편함을 경험하게 된다. 그렇다면 살아 있는 동안 같은 곳에 머물며 위험을 피할 것인가, 아니면 우리의 꿈을 좇으며 우리가 진정 어떠한 사람이 될 수 있는가를 지켜볼 것인가? 우리의 두려움은 대부분 생존이 아닌 자아에 대한 위협임을 기억하라. 그리고 일반적으로 그러한 위협은 물리적인 것이 아니라 가상의 것이다. 위험을 피하자고 지나치게 신중해진다면 우리의 삶에 집중하지 못한 채 후회 속에 살아갈 수도 있다. 우리가 흔히 경험할 수 있는 두려움의 유형은 아래와 같다.

거절에 대한 두려움

우리는 거절을 두려워한다. 여기서 말하는 거절이란 특정 집단에서의 물리적 거절일 수도 있지만, 대개는 그보다 미묘하다. 예를 들어 당신은 다음과 같은 것들을 두려워할 수 있다.

- 사람들이 반대할 수도 있는 의견 말하기
- 타인에게 데이트 신청을 했다가 거절당하기
- 당신의 일을 공유하여 지적받기

실패에 대한 두려움

우리는 또한 실패도 두려워한다. 이는 대개 자신의 삶이 기대에 미치지 못한다는 깊은 두려움에서 비롯된다. 예컨대 우리는 실패를 경험할 때 타인의 조롱을 두려워하며, 이에 자존감을 상실할 것이라 생각한다.

상실에 대한 두려움

사람은 잃어버리는 것을 정말 싫어한다. 따라서 가끔은 얻기보다 잃지 않기 위해 애쓰기도 한다.

방해에 대한 두려움

우리는 스스로 타인에게 방해가 될 것을 두려워한다. 이는 우리가 누군가에게 딱히 중요한 사람이 아닐 것이라는 생각 때문일 수 있다. 그렇게 이기적으로 보이는 것이 두려워 강하게 주장하기를 꺼린다.

성공에 대한 두려움

실패와 달리 성공을 두려워하기도 한다. 성공하면 온갖 기대를 받게 되므로, 이를 감당하지 못할 것 같아 두려워질 수도 있다.

두려움을 이용해 성장하는 법

새로운 일을 시도하는 것에 대한 두려움은 결국 당신이 앞장서서 나서야 한다는 징후일 수도 있다. 즉 당신의 성장에 더없이 좋은 기회일 수도 있다는 뜻이다. 두려움 또한 다른 감정과 마찬가지로, 마음속에서만 존재할 뿐이다. 처음에는 지나칠 정도로 조심스러운 마음으로 시작한 일을 마치고 나면, 스스로가 얼마나 바보 같았는지를 깨닫는 경우가 많은 것도 바로 그 때문이다.

기대 이상의 큰 목표를 달성한 사람들은 대부분 위험을 불사하고 저마다의 안전지대를 떠났다. 그러한 사람들은 시간이 지나면서 불편함을 편하게 느끼는 법을 배운다.

그렇다면 당신이 한때 두려워했던 것 하나를 떠올려 보라. 지금은 별것 아니지 않은가. 당신은 자동차를 처음으로 운전할 때, 또는 첫 출근길이 두려웠을 것이다. 하지만 이제는 익숙해지지 않았는가.

사실 사람들은 굉장한 학습 능력을 지니고 있는데, 불편에 익숙해지는 것이 바로 그 비결이다. 수시로 두려움에 맞서지 않는다면, 자신의 발전 잠재력을 크게 제한하게 된다. 또한 안전지대 안에만 머물게 되면 자존감도 낮아진다. 마음속으로 해야 할 일을 하지 않고 있음을 이미 알고 있기 때문이다.

자연에는 한 가지 법칙이 있다. 만물에게는 성장과 죽음 중 하나뿐이라는 법칙이 그것이다. 이는 인간이라도 예외는 없다. 스스로의 안전지대를 벗어나지 못한다면, 우리는 내면부터 죽음을 맞이하게 된다. 그러니 그러한 일이 일어나지 않도록 하자. 미국의 정치인 벤저민 프랭클린(Benjamin Franklin)은 “어떤 이는 스물다섯에 죽어 일흔다섯에 묻힌다.”라는 말을 한 바 있다. 당신만큼은 그런 사람이 되지 않기를 바란다.

행동에 나서기

안전지대를 벗어나는 첫걸음은 세상에서 가장 성공한 사람들조차 두려움을 느낀다는 사실에 대한 깨달음에서 시작된다. 용기는 두려움이 없는 상태가 아니다. 두려움을 '무릅쓰고' 행동에 나서는 것이다. 결국 용기란 두려움이 사라지지 않을 것이라는 깨달음에도 하고 싶은 일을 하는 마음가짐이다. 두려움이 없다면 용기도 없다. 수시로 두려움에 맞서 용기를 키우고, 그 용기를 습관으로 만들어라.

행동에 나서기도 전부터 두려움을 피하거나, 그에 무감각해질 필요는 없다. 그보다 두려움은 사라지지 않으니 그에 익숙해져야 한다는 사실을 받아들여야 한다. 그리고 결단을 내려 행동에 나서야 한다.

연습하기

✦ 안전지대 벗어나기

안전지대를 벗어나기 위해 자신에게 '내가 꼭 해야 하지만, 두려움 때문에 미뤄 온 일이 무엇인가?'라는 질문을 할 수 있겠다. 미뤄 왔던 일을 한다면 자긍심은 물론, 스스로가 살아 있음을 느낄 것이다. 이는 당신이 올바른 길을 가고 있다는 징후이며, 당신의 뇌가 안전지대를 벗어난 자신에게 주는 보상이라고 생각하자.

워크북 Chapter 20 '안전지대에서 빠져나오기'의 연습 항목을 참고하라.

Chapter 28

자기 절제력을 키우는 방법

"하지 않고 죽어도 상관없는 일만 내일로 미뤄라."

파블로 피카소

미루기는 대개 감정적인 문제와 관련되어 있다. 일을 미루는 문제를 해결하는 효과적인 방법은 많지만, 일반적으로 감정을 관리하는 법을 배우는 것이 미루는 버릇을 극복하는 비결이다.

일을 미루는 이유

사람들이 일을 미루는 이유는 다양하다. 다음은 그 이유이다.

- 일이 따분해서
- 일이 중요하지 않은 듯해서
- 일이 너무 힘들어서(또는 그렇다고 여겨서)
- 일을 제대로 하지 못할까 두려워서
- 습관적인 게으름 때문에

일이 너무 재미있거나, 중요한 일이거나, 너무 쉬워 실패할 수가 없는 일이라면 굳이 미룰 필요는 없을 것이다. 개인적으로 사람들이 일을 미루는 가장 큰 이유는 두려움이라고 믿는다. 일을 제대로 해내지 못할 것이 두렵다 보니 아예 미뤄 버리는 것이다. 일이 시급하거나 중요하지 않다는 핑계 또는 너무 피곤하다는 등 온갖 이유로 미루는 걸 합리화하려 하지만, 실은 두려운 것이다.

미루는 일 자체는 당신이 게으르다거나, 당신에게 문제가 있음을 보여 주는 것이 아니라는 사실에 주목하길 바란다. 우리는 모두 일을 미룬다. 그러나 잦은 미루기로 애를 먹는다면, 이는 당신이 자존감에 대한 문제를 안고 있거나 자제력이 부족함을 의미할 수도 있다.

일을 미루는 버릇으로 성장하는 법

자꾸만 일을 미루는 것은 곧 자신에게 건네는 내면의 목소리를 과도하게 믿는다는 의미이기도 하다. 즉 스스로가 마음의 주인이 아니라 그 노예로 전락해 버린 것이다. 그 결과 다음과 같은 대가를 치르게 된다.

- 당신이 원하는 삶을 살지 못한다.
- 당신의 꿈을 실현하지 못한다.
- 낮은 자존감과 죄책감, 그리고 불행을 경험하게 된다.

마음속에서 당신을 향해 "피곤하니까 그만 쉬어." 또는 "내일 해."라고 하는 말은 지시가 아니다. 그러니 굳이 그 말을 따를 필요가 없음을 명심하자. 당신의 감정도, 마음도 당신은 아니니까. 마음속에 어떠한 생각이 떠오른들 당신은 수용과 무시 중 하나를 선택할 권리가 있다.

이제 미루는 습관을 극복할 손쉬운 16단계 과정을 소개하도록 하겠다. 길다고 생각할 수 있겠지만, 과정이 생각만큼 복잡하지는 않으니 걱정은 내려놓길 바란다.

일을 미루는 버릇을 극복하는 16단계

1. 이유 이해하기

첫 단계는 일을 미루는 이유를 이해하는 것이다. 앞서 설명한 바와 같이 일을 미루는 버릇에는 특정한 이유가 숨어 있는데, 대개는 두려움과 관계가 있다. 마음속에서 당신을 향한 두려움을 피하는 최선책은 곧 아무것도 하지 않는 것이라 말하기 때문이다. 이는 결국 일을 미루라는 것과 다를 것이 없다.

그리고 일을 미루는 또 다른 이유는 그 일이 어렵기 때문이다. 당신은 가능한 한 고통은 피하면서 즐거움은 극대화하려 한다. 애초에 뇌의 작동 방식이 그렇기 때문이다.

그 외에 동기부여가 되지 않아 일을 미룰 수도 있다. 이는 당신이 하는 일이 마음을 움직일 만큼의 거대한 비전과 관련이 없을 때 일어난다. 동기부여가 되지 않는다면 스스로에게 그 이유를 묻고, 다음과 같은 해결책을 생각해 보라.

- 그 일을 다른 사람에게 넘긴다.
- 그 일을 일정에서 삭제한다.
- 그 일에 대한 인식을 바꿈으로써 보다 큰(그리고 보다 흥미로운) 비전을 지닌 일로 만든다.
- 그 일을 보다 쉽게 할 수 있도록 조율한다.
- 그 일을 그냥 시작한다.

시간을 내어 당신이 일을 미루려는 이유를 모두 찾아내자. 스스로에게 솔직해야 한다.

2. 일을 미룬 이후의 대가 떠올리기

미루기는 사소한 문제가 아니다. 따라서 다음과 같은 심각한 결과를 초래하기도 한다.

- 직접적인 결과는 이 세상에서 시간을 보내는 동안 항상 자신의 능력에 훨씬 못 미치는 성과만 낸다는 것이다.
- 간접적인 결과는 스스로에 대해 좋지 않은 감정을 갖게 될 수도 있다는 것이다. 어떠한 일을 해야 한다는 사실을 알면서도 하지 않은 것을 자책하면서 자존감이 사라지고 불필요한 걱정이 생겨나기 때문이다.

연습하기

✦ 미루기의 대가 적기

이제 종이를 준비하고, 일을 미루면서 치러야 하는 대가를 모두 적어 보자. 미루기가 마음의 평화와 자존감, 그리고 꿈을 성취하려는 당신의 능력에 어떤 영향을 미치는가를 기록하라. 일을 미루는 습관에 진저리칠 만큼 지친다면, 그럴수록 그 습관을 개선하기 위한 행동이 필요한 때이다.

3. 나의 스토리 파악하기

세 번째 단계는 일을 미루는 버릇에 감추어진 당신의 스토리를 알아내는 것이다. 미뤄야겠다는 충동이 들 때, 당신은 스스로에게 어떤 이야기를 하며, 마음속에는 어떤 생각들이 오가는지, 그리고 또 어떻게 변명하는가를 살펴보자. 그중 흔히 말하는 변명의 예는 다음과 같다.

- 나 너무 피곤해.
- 제대로 못할 것 같아.
- 내일 해야겠어.
- 별로 중요한 일은 아니잖아.

그러면 위에서 제시한 각 변명에 대한 해결책을 살펴보자.

'나 너무 피곤해.'

이 말은 사실일 수도 있다. 그러나 당신의 마음이 곧 당신은 아니기에 내면의 목소리를 반드시 들어야 하는 것은 아니다.

그와 관련하여 미 해군 소속 특수부대 네이비 씰(Navy SEAL) 대원인 데이비드 고긴스(David Goggins)는 '40%의 원칙'을 믿는다. 이 원칙에 따르면 너무 지친 나머지 더 이상 계속하기가 어렵다고 생각할 때조차 뇌 기능의 40%밖에 쓰지 않는다는 것이다.

한마디로 너무 지쳐서 아무것도 할 수 없다고 생각하는 때라도 아직 이용할 수 있는 에너지가 얼마든지 있다는 것이다. 따라서 퇴근 후 두 시간 정도 부업을 한다고 해서 잘못되지는 않는다는 것이다.

'제대로 못할 것 같아.'

당신이 오늘 어떠한 일을 하기로 확정했다면, 이는 그 일을 할 수 있다고 믿는다는 뜻이기도 하다. 따라서 일을 제대로 하지 못할 것 같은 두려움은 사실 문젯거리라 볼 수는 없다. 오늘 잘할 수 없다고 생각한다면 대체 내일에는 어떻게 더 나아질 수 있을까? 아마 내일도 잘하지 못할 것이다. 결국 이는 모두 당신이 스스로에게 들려주는 스토리일 뿐이다.

'내일 해야겠어.'

일을 내일 하겠다는 생각 자체에는 큰 문제의 소지는 없다. 그러나 오늘의 일을 오늘 안에 끝내는 자제력이 제대로 발휘되지 못한다면 미래의 이상적인 삶을 구상하기는 어려워진다.

우리는 앞에 놓인 일을 반드시 끝내는 엄격함을 통해 미래의 삶을 설계해 나갈 수 있다. 살아가면서 가치 있는 일을 하려면 시간과 노력 그리고 자제력이 필요하다.

'별로 중요한 일은 아니잖아.'

설령 중요한 일이 아니더라도 오늘 예정된 일을 끝내지 못하면 내일도 끝내지 못하는 악순환에 빠지게 된다. 게다가 마음 한구석에서 그 일을 오늘 끝내야 한다는 것을 알면서도 자꾸 미룬다면 곧 일에 대한 동기 자체를 잃게 될 것이다. 그리고 어느 시점에서는 이유조차 모른 채 뭔가 벽에 부딪힌 기분을 느낄 것이다.

연습하기

✦ 변명거리 적기

일을 미루게 하는 변명을 모두 생각해 보라. 그다음 그 변명을 전부 적은 뒤 하나하나 들여다보자. 그대로 내버려 둔다면 그 변명에 지배당하게 되니, 변명을 하나씩 지워 나가도록 하라.

4. 나의 스토리 다시 쓰기

너무 피곤하고, 시간도 없으며, 모든 걸 완벽하게 하려 하는 당신의 변명들을 보라. 이를 통해 당신의 스토리를 알아냈으니, 지금부터는 당신에게 힘을 주는 새로운 스토리로 바꾸어 변명을 무력화시켜라. 다음은 새로운 스토리의 사례이다.

- 그 일을 할 시간이 없다. → 해야 할 일이라면 어떻게든 시간을 낸다.
- 너무 피곤하다. → 나에게는 자제력과 상상을 초월하는 에너지가 있다. 따라서 하려고 마음먹은 일은 반드시 끝낸다.

그리고 당신의 새로운 스토리와 관련된 긍정 확언이나 주문을 만들어라. 그 확언이나 주문이 정체성의 일부가 될 때까지 매일 아침, 그리고 하루 종일 마음속으로 되뇌어라.

또한 일을 미루는 버릇은 곧 습관임을 명심하며, 마음을 재설계하고 싶다면 새로운 습관을 들이자. 원치 않더라도 일단 하기로 계획한 일은 하는 습관 말이다.

5. 나만의 '왜' 찾기

일을 미루는 버릇은 동기 결여 때문인 경우도 많다. 우리가 목표 달성에 관심이 많다면, 그 목표에서 벗어나지 않는다. 오히려 조금이라도 빨리 그 목표를 달성하고 싶어 안달이 날 것이다.

그렇다면 당신이 자꾸 미루는 일을 돌아보자. 그 이유는 무엇이며, 어떻게 하면 그 일을 당신의 비전으로 만들어 동기부여를 할 수 있을까? 그리고 그 일을 조율하고, 그 일에서 배울 점이 있는가? 또한 그 일을 모두 끝내고 자부심을 느끼는 스스로의 모습을 상상해 볼 수 있겠는가?

당신의 '왜', 즉 미루는 이유가 분명할수록 일을 미루는 경향을 극복하는 것이 더욱 쉬워질 것이다.

6. 일을 미루는 방식 파악하기

이 단계에서는 스스로 집중력을 떨어뜨리는 방식을 파악한다. 당신은 어떻게 일을 미루는가? 이 질문에는 산책이나 유튜브 동영상 시청, 커피 한 잔의 여유 또는 미루는 습관을 극복하는 법을 알려주는 책 읽기 등이 있을 것이다. 당신이 일을 미루는 방식을 온전히 이해하지 못한다면, 그 습관은 극복하기 힘들어진다.

잠시 시간을 내어 워크북을 이용해 당신이 일을 미루는 방식을 모두 적어 보라.

7. 충동과 함께하기

딴청을 피우고 싶어질 때, 그 충동과 함께하라. 지금 당신이 느끼는 감정이 무엇인지 이해하고, 스스로 그 감정을 느끼도록 하라. 이 과정에서 스스로를 판단하거나 탓하지 말고, 있는 그대로 받아들이는 것이 좋다. 그러면 마음을 조절하는 것이 수월해진다.

8. 나의 행동을 모두 기록하기

당신의 생산성과 일을 미루는 방식을 파악하기 위해 일주일 동안 노트에 당신이 한 일을 모두 써 보자. 한 가지 활동에서 다른 활동으로 옮겨갈 때마다 그 일을 전부 적고, 하나의 일에 얼마나 많은 시간을 쓰는지도 꼭 기록하자.

일주일이 지나면 당신이 '진짜' 일에 얼마나 시간을 보냈는지, 엉뚱한 데에는 얼마나 정신이 팔려 있었는지 알게 될 것이다. 그 결과에 충격을 받을지도 모르니, 확인하기 전에 마음의 준비를 하는 게 좋을 것이다.

9. 할 일의 의도를 명확히 하기

일에 집중하기에 앞서 정확히 어떠한 일을 해야 하는지를 알도록 하라. 일단 스스로에게 '나는 지금 이 일에서 무엇을 성취하려 하는가? 그 결과가 어떨 것 같은가?'라 질문하라. 그러면 스스로에게 핑계를 댈 여지를 주지 않게 될 것이다.

10. 실천 환경 조성하기

당신의 마음은 어려운 일을 좋아하지 않는다. 모든 일이 쉽게 해결되길 바란다. 그러니 모든 갈등과 방해 요소를 반드시 제거한 뒤, 바로 그 일에 집중하도록 하라. 그 예는 다음과 같다.

- 달리기를 하고 싶다면 침대 옆에 운동복 등 필요한 것을 미리 준비하여 아침에 일어나자마자 충분한 준비 운동 후 바로 달리기를 하러 나갈 수 있도록 한다.
- 컴퓨터로 업무를 볼 때는 책상 위를 깨끗이 정리하여 필요한 파일을 즉시 이용할 수 있도록 한다.

11. 작은 일부터 시작하기

너무 큰 부담감을 느끼지 않을 수 있도록 작은 일부터 시작하는 것이 좋다. 예를 들면 원고를 한 번에 2페이지씩 쓰려 하지 말고, 한 문단씩 쓰는 것이다. 마찬가지로 운동도 처음부터 1시간씩 하는 대신 5분부터 시작하는 것이 좋다. 그렇게 작은 일을 할수록 미루는 버릇을 극복하는 데 도움이 된다. 그뿐 아니라 일을 하는 속도 또한 더 빨라지니, 가능하다면 반드시 작은 일부터 시작하여 부담감을 덜도록 하라.

12. 빠르게 성취할 수 있는 일부터 하기

능력 밖의 일을 매일 하다 보면 실패하게 되어 있는 데다 동기부여도 전혀 되지 않는다. 따라서 일의 부담을 더는 법을 배우면서 빠르게 성취할 수 있는 작은 일부터 시작하도록 하라. 그러다보면 다음과 같은 성취를 이룰 것이다.

- 맡은 일을 100% 끝내는 습관이 길러진다.
- 성취가 손쉬워지면서 자존감이 높아진다.
- 일을 미뤄야겠다는 충동이 줄어든다.

매일 작은 목표를 세우고, 몇 주 동안 그 목표를 꾸준히 달성하도록 하라. 그러면 자존감이 높아지면서 미래에 닥칠 어려운 일이라도 잘 마무리하게 될 것이다. 일을 제대로 끝내는 건 습관이다. 이는 다른 습관과 같이 습득하고 숙련하는 것이 가능하다.

13. 그냥 시작하기

어떠한 일에 집중하기 시작할 때, 당신은 이른바 '몰입 상태(flow state)'에 진입한다. 이 상태에서는 일에 큰 힘을 들이지 않고도 잘 마무리할 수 있다. 이때 일에 대한 집중력이 커지면서 동기부여는 딱히 문제가 되지 않는다.

'몰입 상태'에 진입하는 최선의 방법은 일단 일을 시작하는 것이다. 쉽게 시작하려면 단 5분간 일에 집중하면서 진행 상황을 살펴보도록 하라. 일을 잘해야 한다는 부담감이나 욕구는 내려놓고, 설사 일이 잘되지 않더라도 이에 의연해져야 한다. 그럼에도 원래 계획했던 것보다 훨씬 더 오랜 시간을 일에 집중하는 때가 많아질 것이다. 특히 집중을 요하는 일이라면 몰입 상태에 더욱 빠르게 들어갈 수 있다.

위와 관련하여 미국 작가 멜 로빈스(Mel Robbins)의 《5초의 법칙(The 5 Second Rule)》에서 소개한 '5초의 법칙'을 활용할 수도 있다. 해당 원칙에 따르면 단 5초 내로 행동을 시작해야 하며, 그 시간이 지나면 마음속에서부터 그만두려 하기 때문에 행동에 옮기기 어려워진다.

14. 매일 아침 중요한 일부터 시작하는 습관 기르기

중요한 일을 미루는 경향이 있다면, 아침에 가장 먼저 그 일부터 하라. 책을 쓰고 싶다면 매일 아침부터 글 쓰는 일을 시작하라. 그리고 작은 일부터 시작하는 것이 좋다. 가령 하루에 50단어씩 쓰는 작은 목표부터 세우고, 아침이 될 때마다 그 목표를 실천하라. 이를 지속하다 보면 글 쓰는 습관이 길러지면서 일을 미루는 습관도 줄어들 것이다.

15. 시각화하기

시각화를 통해 미루는 습관을 극복할 수도 있다. 시각화 방법은 다음과 같이 두 가지가 있다.

- 어떤 일을 하고 있는 스스로의 모습을 시각화하라. 컴퓨터를 켜고 파일을 열고, 이를 읽는 모습, 운동화를 신고 밖으로 나가 달리는 모습을 상상해 보자. 이러한 시각화는 실제로 자신이 상상한 일을 하게 될 가능성을 높인다고 하니, 직접 시도해 보기 바란다.
- 어떤 일을 마무리하는 자신의 모습을 시각화하라. 해방감, 행복감, 자긍심 등 일이 끝났을 때의 기분을 생각해 보자. 그 후 그 기분을 느껴라. 이러한 과정은 일에 대한 동기부여와 함께 일에 전념할 의욕을 심어줄 것이다.

16. 책임감 갖기

일을 마무리하기 힘들 때에는 책임감이 필요하다. 개인적으로 일을 미루려고 할 때마다 친구에게 내가 할 일을 언제까지 끝내겠다는 메시지를 보내곤 한다.

책임감을 심어주는 또 다른 방법으로는 수시로 의사소통이 가능한

'책임감 파트너'를 구하는 것이다. 그리고 그 사람과 일주일에 한 번씩 만나 당신의 목표를 공유한다. 그러면 미루려 했던 중요한 일들을 상기하면서 개별적인 일의 마감 시간도 정할 수 있게 된다. 그 뒤 일을 끝냈을 때, 파트너와의 연락을 통해 그 사실을 전할 수 있다.

이상에서 소개한 16단계 과정을 잘 따른다면 일을 미루는 습관을 없애거나, 적어도 그에 상당하는 자제력을 발휘하게 될 것이다.

워크북 Chapter 21 '자기 절제력을 키우는 방법'에 제시된 16단계 과정을 직접 실천하라.

✦
✧
✦

동기 결여 상태에서 벗어나기

"사람들은 흔히 동기부여가 오래가지 않는다고 말한다.

이것이 바로 우리가 동기부여를 날마다 권하는 이유이다."

지그 지글러, 작가 겸 동기부여 전문 강연자

동기가 결여된 상태는 대개 따를 가치가 있는 명확한 비전이 없음을 보여 준다. 명확한 비전을 가진 사람들이 동기 결여를 겪는 경우는 거의 없다. 물론 그러한 사람이라도 일에 차질이 생겨 좌절감을 느끼거나 다소 우울해지기도 하지만, 대부분은 자신의 비전을 떠올리면서 빠른 속도로 회복한다.

또한 동기 결여는 현재 당신의 행복을 좇고 있지 못하는 징후이기도 하다. 그리고 당신의 일과 당신 사이에 간극이 있음을 보여준다. '열정적이다'

라는 뜻의 영어 단어 'enthusiastic'은 '신성함으로 충만하다.'라는 뜻을 가진 그리스어 단어 'entheos'에서 유래하였다. 따라서 당신에게 열정이 없다면, 이는 곧 스스로의 본질과 연결되지 못하였음을 뜻한다.

나는 따분함을 느껴 이른 나이에 은퇴한 노벨상 수상자 얘기는 들어본 적이 없다. 노벨상 수상자에게는 분명한 목표나 목적이 있기에 대부분 죽는 날까지 일하며 살 것이다. 마찬가지로 나는 열대 섬에서 은퇴 후 생활을 즐기기 위해 회사를 매각한 억만장자 얘기도 들은 적이 없다. 설사 이를 시도하더라도 머지않아 삶이 얼마나 무료해지는지를 깨닫게 될 것이다.

따라서 당신은 원래부터 동기 결여 상태를 겪는 것이 아니다. 단지 해야 할 일을 하지 않고 있을 뿐이다. 또한 당신은 일에 충분히 전념하지 않았으며, 명확한 비전을 세우지도 못한 상태일 것이다. 매일같이 반복되는 장래성 없는 일에 매달리면서 따분함을 느낀다거나, 돈 또는 부모의 기대 때문에 어쩔 수 없이 일을 하고 있을 것이다. 이러한 상황에서 동기 결여를 겪는 것은 지극히 당연하다. 하지만 다행히도 잃어버린 동기는 되찾을 수 있다.

동기(또는 동기 결여)를 이용해 성장하는 법

동기 결여 상태는 자신에게 잘 어울릴 만한 삶을 설계할 필요가 있다는 의미이기도 하다. 이를 위해서는 자신의 장점과 개성은 물론, 선호하는 것에 대해 잘 알아야 한다. 이와 동시에 그 요소를 항상 능숙하게 활용할 수 있어야 한다.

장점 파악하기

하루 중 대부분의 시간을 잘하지도 못하는 일에 보낸다면 동기부여가 거의 되지 않는 듯한 기분을 느낄 것이다. 안타깝게도 많은 사람들이 자신의 힘을 제대로 발휘할 수 없는 일에 둘러싸여 있다. 그렇게 매일을 고군분투하면서 수십 년 동안을 살아야 하느냐는 회의감을 느낄 것이다.

위와 관련하여 나는 잘하지 못하는 일과 좋아하면서도 잘하는 일을 하는 것의 차이를 직접 경험한 바 있다. 따라서 나는 스스로에게 잘 어울린다고 생각하는 일을 할 때 강력한 동기와 에너지를 얻게 된다고 확실히 말할 수 있다.

당신 또한 잘하는 일을 좋아한다는 점을 알고 있는가? 일 자체를 반드시 즐기지는 않겠지만, 긍정적인 피드백을 받으면 자부심이 생기며 스스로에 대한 만족감을 느낀다. 그러나 일을 형편없이 못한다는 점을 상기하는 상황이라면, 과연 그 일을 쭉 좋아할 수 있을까?

결론적으로 세상에는 당신이 잘하면서도 즐거운 마음으로 할 수 있는 일이 있다. 잘하는 일을 찾고, 그 일에 최대한 많은 시간을 쏟는다면, 동기부여도 더 잘 될 것이다. 잘한다는 이유만으로 예전 같으면 할 수 있으리라 상상조차 할 수 없던 일마저 즐거운 마음으로 할 수 있다.

당신의 장점에 집중하려면 현재의 업무 내용을 수정하거나, 같은 회사라도 자리를 옮기거나 직종 자체를 완전히 바꿔야 할 수도 있다. 그야말로 매 순간 살아남기 위해 안간힘을 써야 하는 일이라면, 그 일은 당신에게 맞지 않는 길이라고 할 수 있다. 당신에게는 장점이 있으며, 그 장점을 찾아내는 것이 바로 당신이 할 일이다.

성향 파악하기

당신의 성격에 따라 잘하는 일도 어느 정도 결정된다. 이는 바로 앞에서 다룬 '장점 파악하기'와 관련이 있다. 당신이 내성적인 사람이라면 외향적인 사람과 선택하는 직종부터 차이를 보일 것이다. 대부분의 시간을 혼자 또는 소규모 집단에서 보내는 것을 선호하며, 고객을 상대하는 직종이라면 멀리하려 할 것이다. 그리고 조용한 환경에서 더욱 뛰어난 업무 성과를 올릴 것이다.

당신의 핵심 가치관 또한 동기에 영향을 미친다. 당신이 독립심을 중요시한다면 아침 9시에 출근해 오후 5시에 퇴근하는 직장인보다는 자영업자가 되는 게 더 낫다. 아니면 새로운 것에 흥미를 느껴 끊임없이 배우기를 좋아한다면, 반복적인 일에서 큰 만족감을 얻지 못할 것이다.

동기부여의 수단 파악하기

가끔은 고무적이지 못한 방식으로 목표를 정한 탓에 동기가 결여되기도 한다. 물론 그 목표가 설령 원하던 것이더라도 그것을 정하거나 실행하는 방식이 당신에게 맞지 않을 수도 있는 것이다.

체중 감량이 당신의 목표라고 생각해 보자. 그 목표에 대한 이유가 감정적으로 와 닿지 않는다면 동기부여가 잘되지 않아 목표를 달성하는 데 어려움을 겪게 될 것이다. 따라서 당신은 체중 감량의 장점을 이해해야 한다. 공감할 만한 이유를 찾을 때까지 계속 스스로에게 질문을 던져라.

체중을 감량하는 이유는 그 일이 반드시 '옳은 일'이라서가 아니다. 체중이 줄었을 때의 쾌감 때문인 것이다. 이것이 바로 체중 감량의 의미이며, 목표를 성공시키고 싶다면 제대로 해낼 수 있어야 한다.

그렇다면 스스로에게 체중 감량을 원치 않는 이유 또한 물을 것이다. 이는 체중 감량 과정에서 겪는 문제의 원인을 파악하는 데 도움이 된다. 기분이 좋아지기 때문에 과식을 한다면 이 점도 스스로에게 질문해야 한다. 과식이 습관적인지, 스트레스나 환경 때문인지, 회피하고 싶은 일이 있어서인지를 말이다.

위와 같이 당신이 하는 일에 대한 이유를 아는 것이 중요하다. 일단 이유를 이해하면 성취에 더 쉽게 다가갈 수 있기 때문이다.

동기의 휘발성

동기는 휘발적이기에 항상 동기가 부여된 상태일 필요는 없다. 따라서 동기부여가 되지 않는다고 해서 자책할 필요는 없다. 이에 동기부여가 되지 않을 때 취할 수 있는 조치는 다음과 같다.

- 목표를 지속적으로 추구할 수 있는 체계를 만들어라.
- 내키지 않더라도 실천할 수 있도록 자기 훈련을 하라.
- 일이 잘못되더라도 자책하지 말고 자기 연민으로 스스로를 사랑하라.

체계를 만든다는 것은 곧 매일 목표를 향해 나아가는 일상을 만든다는 의미이다. 그러한 일상이란 매일 아침, 가장 먼저 정해진 시간 동안 특정한 일에 매진하는 것이라 할 수 있다.

정해진 일상의 반복은 자기 훈련의 일종이기도 하다. 매일 작은 목표를 세우고 성취하는 것도 대안이 될 수 있다. 또한 자기 연민은 자신을 몰아세우기보다는 격려한다는 의미를 지닌다.

정체기에 부딪혔을 때

가끔 모든 것이 멈춘 듯한 기분일 때가 있다. 동기부여가 되지 않아 의욕이 없거나, 무언가에 압도당한 느낌이지만 그 이유를 정확히 모를 때도 있을 것이다. 이는 '오픈 루프', 즉 끝내지 못한 일이 너무 많거나, 중요한 일을 미루면서 생겨나는 경우가 많다. 그렇다면 그러한 상태에서 벗어나기 위해 할 수 있는 일을 살펴보도록 하자.

정체기에서 벗어나는 3단계

정체기에 부딪힌 듯한 생각이 든다면 다음 방법을 활용하라.

- 해야 할 일을 모두 적는다.
- 그중 계속 미뤄온 일을 찾는다.
- 그 일을 끝낸다.

가끔은 한동안 계속 미뤄 온 일이 있을 것이다. 반드시 어려운 일은 아닐 수도 있다. 어쨌든 팔을 걷어붙이고 나서 그 일을 끝낸다면 기분이 정말 좋을 것이다. 그리고 그 여세를 몰아 더 많은 일을 마무리할 것이다. 이러한 과정 속에서 일처리 속도가 빨라지면서 정체기를 벗어날 수 있을 것이다. 그러니 일이 잘 진행되지 않을 때에는 자신에게 부담이 크지 않은 일부터 시작하도록 하라. 그러면 일 처리 속도를 높이는 데 도움이 될 것이다.

끝내지 못한 일 처리하기

너무 많은 일을 미뤄 왔거나 끝내지 못한 상태라면, 다음과 같이 해 보자.

- 끝내고 싶은 일이나 프로젝트를 모두 적는다.
- 따로 시간을 내어 그 일을 마무리한다. 단 몇 시간 내에도 상당수를 끝낼 수 있을 것이다. 시간이 더 걸릴 수도 있겠지만, 그렇다면 시간을 더 내면 된다.
- 보다 규모가 큰 프로젝트의 경우, 앞으로 며칠 또는 몇 주 동안 그것에만 집중하여 일을 끝낸다.
- 일부 프로젝트의 경우, 일정을 다시 계획하거나 타인에게 위임 또는 포기한다.

워크북 Chapter 22 '동기 결여 상태에서 벗어나기'에 제시된 연습 항목을 참고하라.

✦

에필로그

감정 너머 단단해진 자신을 마주하라

먼저 이 책의 독자가 되어 주어 당신에게 진심 어린 감사의 마음을 전한다. 이 책을 통해 당신이 감정을 이해하고 다스리는 데 필요한 방법을 배웠기를 간절히 바란다. 또한 감정의 질이 곧 삶의 질을 결정한다는 사실을 기억하길 바란다. 이에 행복한 삶을 살고 싶다면 스스로뿐 아니라 자신을 둘러싼 환경을 바꿈으로써 보다 긍정적인 감정을 경험하는 방법을 이해해야 한다.

또한 당신의 감정을 똑바로 마주하기를 바란다. 물론 사는 내내 부정적인 감정을 계속 경험할 것이다. 그러니 그때마다 당신의 감정이 곧 당신은 아니라는 사실을 상기하기 바란다.

그리고 감정을 있는 그대로 받아들이면서 내려놓는 법을 배울 수 있기를 바란다. 슬픔, 우울, 질투를 느끼거나 화가 날 때에도 그 감정 또한 당신은 아니다. 당신은 그저 그 감정을 지켜보고 있을 뿐이다. 잠깐뿐인 감정이 지나간 뒤에도 당신의 존재만큼은 남아 있으니까 말이다.

당신의 감정은 스스로를 인도하기 위해 존재한다. 따라서 감정을 통해 최대한 많은 것을 배우고, 내려놓을 수 있었으면 한다. 당신의 존재가 감정에 달린 듯 감정에 매달리지 말라. 또한 감정이 당신을 규정짓는 양 감정과 동일시하지 않기를 바란다.

그 대신 감정을 통해 성장하라. 당신은 감정을 초월하는 존재이다. 감정은 휘발되지만, 당신은 여전히 그대로 존재하니까 말이다.

참고 문헌

Blanton, B. *Radical Honesty: How to Transform Your Life by Telling the Truth*. Random House Publishing Group. 1996.

Branden, N. *The Six Pillars of Self-Esteem*. Random House Publishing Group. 1995. 김세진 역, 《자존감의 여섯 기둥》, 교양인, 2015.

Carnegie, D. *How to Stop Worrying and Start Living*. Gallery Books. 2004. 임상훈 역, 《데일 카네기 자기관리론》, 현대지성, 2021.

De Mello, A. *Awareness*. Image. 1990. 김상준 역, 《깨어나십시오》, 분도출판사, 2005.

Dethmer, J., Chapman, D. & Klemp, K. W. *The 15 Commitments of Conscious Leadership: A New Paradigm for Sustainable Success*. Conscious Ledership Group. 2015.

Dwoskin, H. & Canfield, J. *The Sedona Method*. Sedona Press, 2003. 편기욱 역, 《세도나 메서드》, 알에이치코리아, 2021.

Tolle, E. *The Power of Now: A Guide to Spiritual Enlightenment*. New World Library. 2004. 노혜숙·유영일 공역, 《지금 이 순간을 살아라》, 양문, 2008.

Hicks, E. and Hicks, J. *Ask and It is Given: Learning to Manifest Your Desires*. Hay House. 2004. 박행국·조한근 공역, 《감정 연습》, 나비랑북스, 2015.

Howard, V. *The Power of Your Supermind*. Prentice Hall. 1975.

Khalsa, G. S. & Bhajan, Y. *Breathwalk: Breathing Your Way to a Revitalized Body, Mind and Spirit*. Broadway Books. 2000.

Reynolds, D. K. *Constructive Living*. University of Hawaii Press. 1984.

Sorensen, M. & Zwicker, B. *Breaking the Chain of Low Self-Esteem*. Wolf Publishing Company. 1998. 정명진 역, 《자긍심》, 부글북스, 2007.

Swami, O. *A Million Thoughts: Learn All about Meditation from the Himalayan Mystic*. Black Lotus. 2016.

부록

단계별 워크북

PART

1

감정의 본질 이해하기

Chapter 1

뇌는 생존하기 위해 감정을 왜곡한다

당신의 생존 메커니즘에서 비롯된 가상의 위협 사례를 하나 찾아보자. 이에 마음의 작동 방식을 이해했다면, 아래에 당신의 사례를 있는 대로 적어라.

Chapter 2

행복

1. 쾌락과 보상에 관여하는 뇌의 신경전달물질인 도파민이 분비된다고 생각하는 일을 찾아 아래에 적어라.

   ex. TV, 비디오 게임, 도박, 소셜 미디어 등

2. 당신은 위의 사례 가운데 무엇에 '중독되어' 있는가? 또한 휴식을 취한다면, 무엇을 하며 쉬고 싶은가? 두 질문에 대한 답을 적어라.

Chapter 3

부정적 감정의 배경 살펴보기

1. 당신과 가장 동일시한다고 느끼는 것을 모두 적어라.

ex. 신체, 인간관계, 조국, 종교, 자동차 등

2. 다음 문장을 읽고 0에서 10까지 점수를 매겨라.

① 나의 자아는 소유와 존재를 동일시하는 경향이 있다.

0 > > > 10

② 나의 자아는 늘 다른 것과 비교한다.

0 > > > 10

③ 나의 자아는 결코 만족할 줄 모른다.

0 > > > 10

④ 나의 자아는 타인의 인정에서 가치를 느낀다.

0 > > > 10

⑤ 나는 스스로의 가치를 높이기 위해 똑똑하거나 유명한 사람과 어울리려 한다.

0 > > > 10

⑥ 나는 험담을 좋아한다.

0 > > > 10

⑦ 나에게는 열등 콤플렉스가 있다.

0 > > > 10

⑧ 나에게는 우월 콤플렉스가 있다.

⑨ 나는 명성을 원한다.

⑩ 나는 끊임없이 올바른 사람이 되려 애쓴다.

⑪ 나는 불평불만을 자주 늘어놓는다.

⑫ 나는 관심(또는 인정, 칭찬, 존경)을 받고 싶어한다.

3. 당신의 자아는 어떠한 방식으로 감정에 영향을 미치고 있는가? 당신의 자아가 부정적인 감정을 만들어 내는 방식을 구체적으로 적도록 하라.

4. 그러한 상황과 관련하여 당신이 할 수 있는 일은 무엇인가?

Chapter 4

감정의 힘을 다스리는 법

감정의 본질을 이해하는 데 도움이 되고자 이 장에서는 단 한 가지 감정에만 집중할 것이다. 잠시 시간을 내어 각 단계마다 마음속에서 시각화를 통해 다음 10단계를 실천하라. 도움이 된다면 눈을 감고 해도 좋다.

1단계

당신이 최근 경험한 부정적인 감정 하나를 선택한다.

• 내가 경험한 부정적인 감정:

2단계

부정적인 감정이 반드시 나쁜 것만은 아니라는 사실을 인정하라. 그 감정이 어떻게 생겨났다가 사라지는지를 확인하고, 그 감정이 당신이 아님을 깨닫는다.

3단계

그 감정을 잘 기억하면서 해당 감정이 어떻게 당신의 현실에서 모습을 감추는지 주의 깊게 살펴본다.

4단계

그 감정을 통해 배울 점은 무엇인지 스스로에게 물어본다. 그리고 해당 감정이 당신에게 알려주고자 하는 것과 이를 통해 성장하는 방법에 대해서도 질문해 본다.

5단계

그 감정에서 절대 벗어날 수 없다는 믿음을 종용하는 등 부정적인 감정이 당신의 모든 경험에 미치는 악영향을 집중적으로 살펴본다.

6단계

부정적인 감정이나 스토리와 자신을 동일시한 경험을 떠올려 본다. 그리고 그 감정에서 벗어날 수 있는 가능성을 상상해 본다.

7단계

부정적인 감정이 어떻게 당신의 관점과 잠재력을 제한하는 것처럼 느꼈는지를 떠올려 본다.

8단계

스스로 부정적인 감정을 더 많이 끌어들인 방식을 확인해 본다.

9단계

부정적인 감정에 당신의 판단을 개입시키면서 자초한 정신적 고통을 중심적으로 살펴본다.

10단계

부정적인 감정은 당신의 마음속에만 존재할 뿐, 현실에는 어떠한 문제도 없음을 깨닫는다.

감정의 흐름을 만드는 것들

당신은 다양한 방식으로 감정을 바꿀 수 있다. 자신의 감정에 긍정적인 영향을 주기 위해 당신은 무엇을 할 것인가?

1. 몸을 어떻게 활용할 것인가?

어떠한 유형의 활동을 할 것인가? 자신감 넘치는 '파워 포즈'를 취할 것인가? (파워 포즈의 예는 유튜브에서 'TED talk Amy Cuddy' 검색어를 통해 확인할 수 있다.)

2. 사고 방식을 어떻게 활용할 것인가?

명상이나 긍정 확언, 또는 시각화를 활용할 것인가?

ex. 매일 아침 5분씩 목표를 시각화하여 그 목표를 이미 이룬 듯한 기분을 느낀다.

ex. 30일 동안 아침마다 최대한 일찍 일어나 5분씩 명상을 한다.

ex. 매일 5분씩 "나는 자신감 넘치는 모습이 좋아!"라는 긍정 확언을 반복한다.

3. 수면의 질을 어떻게 끌어올릴 것인가?

ex. 잠자리에 들기 전에 명상을 한다.

ex. 매일 밤 10분씩 감사하는 연습과 스트레칭, 명상 등을 한다.

4. 어떤 호흡법을 활용할 생각인가?

ex. 부정적인 감정이 들 때마다 ○분 동안 천천히 호흡을 한다.

5. 당신의 감정 상태를 개선하기 위해 주변 환경을 어떻게 정리할 계획인가?

ex. 매일 15분씩 영감을 주는 책을 읽으며 TV 시청 시간을 줄인다.

ex. 부정적인 친구들과 어울리는 시간을 줄인다.

ex. 30일 동안 소셜 미디어는 단 15분만 이용한다.

당신만의 답을 아래에 적어라.

6. 음악으로 당신의 감정 상태를 어떻게 개선할 것인가?

ex. 매일 아침 감사하기 연습을 하며, 감사에 대한 노래도 듣는다.

ex. 기분이 안 좋을 때는 동기부여 영상을 시청하고, 춤을 추거나 몸을 움직여 감정 상태를 바꾼다.

ex. 일을 할 때 집중력을 높이기 위해 클래식 음악이나 백색 소음을 듣는다.

인생을 바꾸는 감정 조절의 기술

Chapter 5

감정의 형성 과정 돌아보기

감정은 다음과 같이 형성된다.

해석 + 동일시 + 반복 = 강한 감정

- **해석**: 개인적인 스토리를 토대로 사건이나 생각을 해석하는 것
- **동일시**: 마음속에 떠오르는 생각과 동일시하는 것
- **반복**: 같은 생각을 되풀이하는 것
- **강한 감정**: 특정 감정을 빈번하게 느끼면서 정체성의 일부가 되는 것. 이때 그에 관련된 생각이나 사건을 통해 해당 감정을 경험하게 된다.

과거의 사건 되돌아보기

부정적인 감정을 경험했던 과거의 일을 하나 떠올려 보라. 최근에 우울하거나 슬펐던 때, 화가 났던 때 또는 스스로 부족함을 느낀 때 등 어떠한 것을 적어도 좋다.

이제 다음 세 질문에 대한 당신의 답을 적어라.

1. 해석: 어떠한 일이 있었으며, 그 일에 무슨 생각을 하였는가?

2. 동일시: 그 생각에 어떻게 반응하였는가?

3. 반복: 당신을 그 생각과 반복적으로 동일시했는가?

Chapter 6

삶의 태도는 해석 방식에 따라 달라진다

다음 질문에 답하고, 당신의 해석 방식을 분석하라.

1. 당신이 현재 겪고 있는 감정 문제에 관하여, 어떤 감정을 없애는 것이 삶에 가장 긍정적인 영향을 줄 것인가를 생각하라.

2. 그 문제에 대한 당신의 해석과 관련하여 스스로의 스토리가 사실이려면 무엇을 믿어야 하는지를 생각하라.

3. 그 문제에 대처하는 데 도움을 주는 새로운 의미에 관하여, 부정적인 감정을 느끼지 않으려면 무엇을 믿어야 할까를 생각해 보자.

Chapter 7

나를 괴롭히는 감정 내려놓기

1. 내려놓고자 하는 감정을 적어라.

어쩌면 당신은 스스로 부족하다고 느낄 수 있다. 아니면 일을 미루는 습관 때문에 머리가 아플 것이다. 또는 과거의 일로 자책하기도 할 것이다. 그와 같은 일을 생각나는 대로 모두 적어라.

2. 1에서 적은 것 가운데 한 가지를 선택한 뒤 자신에게 다음과 같이 질문하라.

① 이 감정을 내려놓아도 괜찮을까?

② 그러면 이 감정을 내려놓을까? (네/아니오)

③ 언제 내려놓을까? (지금)

• 내가 내려놓았으면 하는 감정:

TIP !

일상 속에서도 감정을 내려놓는 연습을 하라.

Chapter 8

생각과 감정이 미래를 바꾸는 이유

날마다 마음속에 긍정적인 생각을 쌓는 습관을 들여라. 살아가면서 더 많이 경험하고 싶은 감정 하나를 선택하고, 최소 30일 동안 당신의 마음을 다스리는 데 전념하라.

ex. 더 많이 경험하고 싶은 감정의 예

- 감사
- 기대감
- 자부심
- 확신
- 결단력

1. 내가 선택한 감정(들):

2. 마음을 다스릴 나만의 구체적인 방법:

ex. 눈을 감고, 생각나는 사람 모두가 나에게 베푼 호의에 감사를 표한다.

Chapter 9

스스로 질문하고 행동하기

1. 가장 최근에 경험한 부정적인 감정 가운데 이틀 이상 지속된 것 하나를 떠올리고, 그 감정을 아래에 적어라.

2. 1에 대한 구체적인 극복 방안을 적어라.

3. 스스로 감정에 긍정적인 영향을 유도하는 방향에서 자신의 행동이 어떻게 변화할 수 있었는지를 생각해 보고, 아래에 그 답을 적어라.

Chapter 10

주변 환경 및 습관이 미치는 영향

1. 감정에 부정적인 영향을 미친다고 생각되는 활동을 모두 적어라.

   ex. 부정적인 친구, TV, 험담, 소셜 미디어, 비디오 게임 등

2. 1의 활동에 대한 결과를 적어라.

   ex. 자책감을 느낌 / 동기부여를 전혀 못함 / 자존감이 떨어짐

3. 기분이 나아지기 위해 대신 할 수 있는 것들을 모두 적어라.

Chapter 11

부정적인 감정에서 빠져나와라

당신의 부정적인 감정을 다스릴 수 있는 단기 해결책과 장기 해결책을 각각 적어라.

• 단기 해결책:

• 장기 해결책:

감정 중심이 단단한 사람으로 성장하는 법

Chapter 12

꾸준한 감정 기록의 중요성

매일 2~3분 정도 시간을 내어 당신의 감정을 기록하고, 각 감정에 1부터 10까지 점수를 매긴다. 일주일 후, 결과를 확인한 뒤 다음 질문에 답하라.

1. 어떤 부정적인 감정을 경험했는가?

2. 그러한 감정이 생겨난 원인은 무엇인가?

(특정한 생각/외부 사건으로 그러한 감정이 생겨났는가?)

3. 실제로 어떠한 일이 일어났는가?

4. 그 일을 어떻게 해석하였는가?

5. 그와 같이 해석하려면 어떠한 믿음이 있어야 할 것인가?

6. 그 믿음은 옳은가?

7. 생각/사건을 달리 해석했다면, 기분이 더 나아질 수 있었는가?

8. 어떻게 평소의 상태로 되돌아갔는가?

9. 정확히 어떤 일이 있었는가?

(생각을 바꾸고 실천한 결과인가, 아니면 자연스럽게 일어난 것인가?)

10. 부정적인 감정을 피하거나 줄이기 위해 할 수 있는 것으로 무엇이 있었는가?

Chapter 13

자신의 가치를 믿어라

1. 요인 파악하기

당신은 스스로 어떠한 생각과 동일시하고 있는가? 그리고 삶의 영역 가운데 어느 것과 연관되어 있는가?

위와 관련하여 다음 문항에 답하라.

① 당신에게 만족하지 못하는 상황은 무엇인가?

② 당신과 동일시하는 생각(스토리)은 무엇인가?

2. 자신이 무가치하다는 감정 극복하기

① 당신이 성취한 것들을 추적·관찰하기

✦ 1. 성취 기록하기

당신이 매일 성취하는 일을 적는다. 이 연습을 위해 노트 한 권을 마련하여 꾸준히 기록하길 권한다.

- 살아오면서 성취한 것을 모두 적고, 50가지가 기록되면 목록을 만든다.
- 매일 일과를 마치면서 그날마다 성취한 것을 모두 적는다.

위를 따라 매일 5가지에서 10가지 정도의 성취를 기록하라.

✦ 2. 자존감 항아리 채우기

당신이 성취한 일을 종이에 하나씩 적고, 이를 용기에 넣는다.

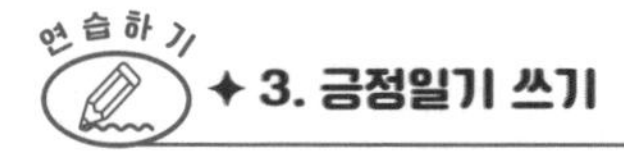

✦ 3. 긍정일기 쓰기

그날 들은 칭찬을 모두 적는다. 신발이 멋져 보인다는 동료의 칭찬도, 헤어스타일에 대한 친구의 칭찬도, 업무에 대한 상사의 인정도 모두 적어라.

② 칭찬 수용하는 법 배우기

✦ 1. 칭찬 받아들이기

간단한 연습을 통해 당신은 더욱 쉽게 칭찬을 수용할 수 있을 것이다. 누군가 칭찬을 해줄 때 다음과 같이 말하도록 하라.

고마워요.

"감사합니다만…"이나 "감사합니다. 당신도 마찬가지예요." 또는 "별것도 아니었는데요, 뭐."라고 말하지 말라. 그냥 "감사합니다." 한 마디면 된다.

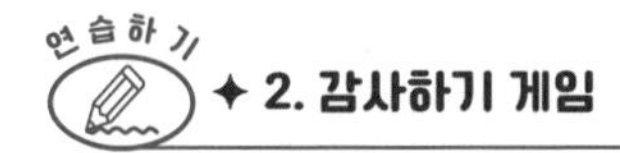

✦ 2. 감사하기 게임

이 연습의 목적은 예전에 인정하거나 좋아하지 않았던 당신의 여러 면에 감사하는 법을 배우는 데 있다. 이 연습은 파트너와 함께한다면 더 좋을 것이다.

당신이 상대방에게 고마워하는 점 세 가지를 말하고, 상대방 또한 당신과 같이 말하도록 하라. 최대한 구체적으로 말하는 것이 좋으며, 사소한 것이라도 괜찮다. 다음은 이 연습의 예이다.

- 오늘 아침에 바쁜데도 아침 식사를 준비해 줘서 고마워.
- 오늘 아이들을 차로 데려와 줘서 고마워.
- 퇴근 후에 항상 고민을 들어 줘서 고마워.

Chapter 14

인생에 독이 되는 방어적 태도

당신이 방어적으로 행동할 때마다 잊지 말고 자신에게 다음 질문을 반드시 던져라.

- 지금 무엇에 방어적으로 반응하는가?
- 그 생각을 내려놓을 수 있는가?
- 그 생각이 없다면 어떨까?

Chapter 15

통제할 수 없는 상황은 받아들이기

1. 스트레스의 주요 근원 기록하기

평소에 일주일 동안 당신에게 가장 큰 스트레스를 주는 것을 최소 10가지는 적어라.

2. 스트레스 상황 재해석하기

각 상황에 대해 스스로에게 다음과 같은 질문을 던져라.

- 이 상황 자체가 정말 스트레스를 주는 걸까?
- 이 상황에서 스트레스를 경험하려면 어떠한 생각을 해야 할까?
- 이 상황에서 스트레스를 줄이거나 없애려면 어떠한 생각을 해야 할까?

3. 걱정거리 기록하기

앞선 바와 같이 당신의 과거 또는 미래와 관련된 걱정거리를 모두 적어라. 이전 연습에서 기록한 것과 비슷하겠지만, 큰 상관은 없다. 건강이나 경제적 상황, 직장, 인간관계, 가정 등에 관련된 문제가 곧 당신의 걱정거리가 될 수 있을 것이다.

이제 당신의 평소 걱정거리를 최소 10가지로 적어라.

4. 걱정거리 분류하기

이전에 작성한 스트레스 상황에 대한 목록을 보고, 각 항목 옆에 'C(Control, 통제 가능)'나 'SC(Some Control, 어느 정도 통제 가능)' 또는 'NC(No Control, 통제 불가능)'라고 평가하라.

이제 당신이 통제할 수 있는 상황에 한하여 직접 행동으로 옮길 수 있는 구체적인 일을 적어라.

5. 스트레스 상황 바꾸기, 재해석하기, 제거하기

스트레스를 주는 상황 목록을 확인하고 당신이 통제할 수 없는 상황들을 찾아보자. 그리고 아래에 그러한 상황을 바꾸거나 재해석하기, 또는 제거하기 위해 당신이 할 수 있는 일을 모두 적어라. 만일 그렇지 않다면 그러한 상황을 통제하려는 욕구를 내려놓고, 그 상황을 있는 그대로 받아들일 수 있겠는가?

Chapter 16

타인의 생각은 나의 생각이 아니다

1. 타인의 생각에 대한 해석 전환하기

✦ 1. 사람들이 신경 쓰지 않음을 깨닫기

이 연습을 통해 사람들이 당신을 크게 신경 쓰지 않는다는 사실을 실감하게 될 것이다.

① 당신이 잘 아는 사람 한 명의 이름을 적어라.

② 일상생활 중에 그 사람을 얼마나 자주 생각하는지 적어라.

③ 그 사람의 입장이 되어 평소에 당신을 얼마나 자주 생각하는지 스스로에게 질문하라.

④ 그 사람이 당신의 행동이나 말에 얼마나 관심이 있을지 생각하라.

⑤ 그 사람이 지금 무슨 걱정을 할지 생각하라.

⑥ 최소 두 사람 이상을 상대로 이상의 과정을 반복하라.

✦ 2. 당신도 타인을 신경 쓰지 않음을 깨닫기

- 점심 식사를 했던 식당의 여종업원, 함께 식사를 한 고객이나 거리에서 마주친 사람 등 당신이 하룻동안 마주쳤거나, 상호 교류가 있었던 사람을 모두 떠올려라.
- 이 연습을 하기 전, 그 사람들에 대한 생각을 얼마나 많이 했는가를 스스로에게 질문하라.
- 당신 또한 타인에 대한 생각을 많이 하지 않으며, 그 반대의 사실 또한 인정하라. 그리고 해방감을 느껴라.

2. 더 이상 당신 자신의 이미지에 너무 집착하지 말라.

외모, 말실수 등 당신이 평가받기 두려워하는 것들을 아래에 모두 적어라.

위와 관련하여 지금 겪는 문제가 무엇이며, 어떠한 이미지를 지키려 하는지에 대하여 신경이 쓰이는 이유를 적어라.

Chapter 17

원망에 올바르게 대처하는 법

원망을 내려놓는 4단계

1. 당신의 해석을 바꾸거나 재평가하기

먼저 일어난 일을 정확히 적는다. 그다음 당신의 해석을 걷어내고 남는 확실한 사실은 무엇인지 적어라.

2. 직접 대면하기

만일 당신의 원망이 사람을 향해 있다면, 그 사람과의 솔직한 대화를 통해 당신이 느끼는 바를 그대로 전할 필요가 있다. 혹시 상대방과 직접 얘기를 할 수 없는 상황이라면 편지를 쓰는 것도 좋은 방법이다. 편지를 상대에게 전달하지 않더라도, 쓰는 것만으로 원망을 가라앉히는 데 도움이 된다.

3. 용서하기

스스로의 생각을 표현할 길을 찾았다면 용서도 가능하다. 이와 관련하여 원망이 당신의 행복과 마음의 평화에 미치는 영향을 모두 적어라.

원망을 놓아주고 나면 당신의 삶과 기분이 어떨지 상상해 보라. 지금 당장 실천해 보고, 원망을 내려놓으며 용서하라.

4. 잊기

이제 원망을 내려놓는 데 전념하라. 설사 원망이 다시 생겨나더라도 그냥 잊어버려라.

Chapter 18

타인과 자신을 비교하지 말라

1. 질투의 대상 알아내기

당신이 질투하는 사람의 명단을 작성하라. 그 명단을 보며 어떤 생각이 드는가? 그리고 당신의 삶에서 원하는 것이 무엇인가?

2. 경쟁보다 협력하기

과거 타인의 성취에 질투했던 날을 떠올려 보라. 당시 그러한 감정을 갖게 된 이유를 자신에게 물어라. 그리고 다음에 제시된 질문을 던져라.

- 당시 그 사람을 지지했다면 어땠을까?
- 그 사람과 어떻게 협력할 수 있었을까?
- 그 사람의 성공이 나에게 어떠한 이득이 있는가?

3. '사과 대 사과'(일대일) 비교하기

자신과 자주 비교하는 사람을 선택하고, 당신이 그 사람보다 뛰어난 것들을 모두 적어라.

- 내가 더 잘하는 것들:

이상의 내용을 토대로 처음에 한 비교가 얼마나 편향된 것이었는지를 인정하라.

Chapter 19

우울증의 실체를 깨닫기

다시 신체 및 감정에 집중하기

다음에 제시된 것 가운데 한 가지 활동을 실천하라.

- **운동**: 운동은 마음을 진정시키면서 신체에 집중할 수 있는 아주 좋은 방법으로, 기분에 긍정적인 영향을 준다.
- **명상**: 명상은 마음을 관찰하고, 스스로를 생각과 지나치게 동일시하는 것을 막는 효과적인 방법이다.
- **활동**: 바쁘게 지내면 지나치게 많은 생각을 피할 수 있다.
- **타인에게 집중하기**: 데일 카네기의 책 《자기관리론》에서는 우울증은 매일 한 사람을 도와줄 방법을 생각함으로써 14일 안에 치유될 수 있다고 주장한다.

Chapter 20

안전지대에서 빠져나오기

당신의 안전지대를 벗어나라

- 꼭 해야 한다는 것을 알면서도 두려움 때문에 미뤄 온 일을 시작하라.
- 아주 사소한 것이라도 매일 당신을 불편하게 만드는 일을 하나씩 시작하라.

Chapter 21

자기 절제력을 키우는 방법

일을 미루는 버릇을 극복하는 16단계

1. 이유 이해하기

미루는 습관 뒤에 감춰진 모든 이유를 알아내되, 스스로에게 솔직하라. 동기부여가 되지 않는다면 스스로에게 그 이유를 묻고, 다음과 같은 해결책을 생각해 보라.

2. 일을 미룬 이후의 대가 떠올리기

미루기는 사소한 문제가 아니다. 따라서 다음과 같이 직간접적으로 심각한 결과를 초래하기도 한다.

- 직접적인 결과는 이 세상에서 시간을 보내는 동안 항상 자신의 능력에 훨씬 못 미치는 성과만 낸다는 것이다.
- 간접적인 결과는 스스로에 대해 좋지 않은 감정을 갖게 될 수도 있다는 것이다.

이제 종이를 준비하여 일을 미루면서 치러야 하는 대가를 모두 적어 보자. 미루기가 마음의 평화와 자존감, 그리고 꿈을 성취하려는 당신의 능력에 어떤 영향을 미치는가를 기록하라.

3. 나의 스토리 파악하기

일을 미룰 때 당신이 대는 변명을 모두 적고, 그 변명을 하나하나 무력화하라.

ex. 시간이 없어, 나이가 너무 많아, 난 그리 똑똑하지 않아, 너무 피곤해 등

4. 나의 스토리를 다시 쓰기

당신이 쓴 변명들을 보라. 이를 통해 당신의 스토리를 알아냈으니, 지금부터는 당신에게 힘을 주는 새로운 스토리로 바꾸어 변명을 무력화하라. 다음은 새로운 스토리의 사례이다.

- 그 일을 할 시간이 없다. → 뭐든 해야 할 일이라면 어떻게든 시간을 낸다.
- 너무 피곤하다. → 나에게는 자제력과 상상을 초월하는 에너지가 있다. 따라서 하려고 마음먹은 일은 반드시 끝낸다.

그리고 당신의 새로운 스토리와 관련된 긍정 확언이나 주문을 만들어라.

그 확언이나 주문이 정체성의 일부가 될 때까지 매일 아침, 그리고 하루 종일 마음속으로 되뇌어라.

- 당신의 확언(들):

5. 나만의 '왜' 찾기

자꾸 미루는 일 한 가지를 생각해 보자. 일을 미루는 이유는 무엇이며, 어떻게 하면 그 일을 당신의 비전으로 만들 수 있을지에 대한 방법을 적어라.

6. 일을 미루는 방식 파악하기

당신은 어떠한 방식으로 중요한 일을 계속 미루는가?

ex. 산책, 유튜브 영상 시청, 페이스북 확인 등

• 일을 미루는 나의 방식:

7. 충동과 함께하기

딴청을 피우고 싶어질 때, 그 충동과 함께하라. 지금 당신이 느끼는 감정이 무엇인지 이해하고, 스스로 그 감정을 느끼도록 하라. 이 과정에서 자신을 판단하거나 탓하지 말고, 있는 그대로 받아들이는 것이 좋다. 그러면 마음을 조절하는 것이 한결 수월해진다.

8. 나의 행동을 모두 기록하기

일주일 동안 노트에 당신이 한 일을 모두 기록하라. 그 후 얼마나 많은 시간을 비생산적인 활동에 허비하였는가를 확인하라.

9. 할 일의 의도를 명확히 하기

일에 집중하기에 앞서, 먼저 정확히 어떠한 일을 해야 하는지를 알도록 하라. 일단 스스로에게 '나는 지금 이 일에서 무얼 성취하려 하는가? 그리고 그 결과가 어떨 것 같은가?'라 질문하라.

10. 실천 환경 조성하기

당신의 마음은 어려운 일을 좋아하지 않는다. 모든 일이 쉽게 해결되길 바란다. 그러니 모든 갈등과 방해 요소를 반드시 제거한 뒤, 바로 그 일에 착수하도록 하라.

중요한 일에 좀 더 쉽게 집중하기 위해 당신이 할 수 있는 것을 아래에 모두 적어라.

11. 작은 일부터 시작하기

작은 일부터 시작할수록 일을 미루는 버릇을 극복하는 데 도움이 된다. 그뿐 아니라 일을 처리하는 속도도 더욱 빨라진다.

이제 당신이 해야 할 중요한 일을 작게 나누어라.

12. 빠르게 성취할 수 있는 일부터 하기

매일 작은 목표를 세우고, 몇 주 동안 그 목표를 꾸준히 달성하도록 하라. 그러면 자존감이 높아지면서 미래에 닥칠 어려운 일이라도 잘 마무리하게 될 것이다.

쉽게 성취할 수 있는 일을 1~3가지 적어라.

13. 그냥 시작하기

어떠한 일에 집중하기 시작할 때, 당신은 이른바 '몰입 상태(flow state)'에 진입한다. 이 상태에서는 큰 힘을 들이지 않고도 일을 잘 마무리할 수 있다. 앞서 기록한 쉽게 성취할 수 있는 일의 목록을 확인하고, 바로 그 일을 시작하라.

14. 매일 아침 중요한 일부터 시작하는 습관 기르기

중요한 일을 미루는 경향이 있다면, 아침에 가장 먼저 그 일부터 시작하라. 이와 관련하여 아침마다 당신이 가장 먼저 할 일을 한 가지 적어 보라.

- 아침에 가장 먼저 할 일:

15. 시각화하기

시각화를 통해 미루는 습관을 극복할 수도 있다. 시각화 방법은 다음과 같이 두 가지가 있다.

- 어떤 일을 하고 있는 스스로의 모습을 시각화하라. 컴퓨터를 켜고 파일을 열고, 이를 읽는 모습, 운동화를 신고 밖으로 나가 달리는 모습을 상상해 보자. 이러한 시각화는 실제로 자신이 상상한 일을 하게 될 가능성을 높인다고 하니, 직접 시도해 보기 바란다.
- 어떤 일을 마무리하는 스스로의 모습을 시각화하라. 해방감, 행복감, 자랑스러움 등 일이 끝났을 때의 기분을 생각해 보자. 그 후 그 기분을 느껴라.

TIP !

힘든 일을 끝낼 때마다 잠시 시간을 내어 당신의 감정을 살펴보라. 그리고 어려운 일을 시작할 때마다 그때의 감정을 떠올리도록 하라.

16. 책임감 갖기

중요한 일과 목표에 대한 책임감을 어떻게 쌓을 것인가?

ex. 책임감 파트너 구하기, 코치 기용하기, 매주 친구에게 목표 적어 보내기 등

Chapter 22

동기 결여 상태에서 벗어나기

체계 만들기

동기부여가 되지 않을 때 취할 수 있는 조치는 다음과 같다.

- 목표를 지속적으로 추구할 수 있는 체계를 만들어라.
- 내키지 않더라도 실천할 수 있도록 자신에게 엄격하라.
- 일이 잘못되더라도 자책하지 말고 자기 연민으로 스스로를 사랑하라.

1. 일상 속에서 꾸준히 목표를 추구하는 데 도움이 되는 일은 무엇인가?

ex. 아침마다 긍정 확언, 시각화 또는 가장 먼저 중요한 일 하기

2. 자신에게 엄격해지기 위해 앞으로 30일 동안 어떠한 일에 전념할 수 있는가?

• 내가 할 일:

3. 기분이 가라앉았을 때 자신을 격려하는 말이나 주문은 무엇인가?